最強の
英語リスニング
実戦ドリル

English Listening Drills

新崎隆子・石黒弓美子

KENKYUSHA

はじめに

　日本人の学習者が英語のリスニングがむずかしいと言うときは、スピードが速いことと「なまり」が強いことの二つが主な理由として挙げられる。しかし、英語リスニングのむずかしさには、スピードと「なまり」だけでは語ることのできない複雑な要素がからんでいる。

　本書が対象とする読者は、内容についてある程度背景知識があり、スタンダードな英語、もしくはそれに近い英語でフォーマルな話し方をされた場合は、多少スピードのあるものでも十分聞き取ることができるが、カジュアルな話し方や、標準的英語からはずれた発話になると、突然聞き取りが困難になるという学習者である。そういう人たちは会議などで英語を使うことが多く、英語の聞き取りにある程度、自信を持っている。周囲にも英語の力を認められ、何かというと英語の会議や交渉ごとは「君に頼む」と頼られる。そして、フォーマルな会議だけでなく、カジュアルな会話でも、その聞き取り能力を期待されるようになる。自分はフォーマルなスピーチのむずかしい内容を聞き取り、それに対応することができるのだから、カジュアルな場での英会話など簡単だと思っていたところ、ある日、突然、立食パーティなどで、自分の耳を疑うような場面に出くわしてしまう。自分の聞き取り能力に自信を持っていただけに、それは、かなりショッキングなことでもある。

　この本を書くきっかけは、ある日本の大手企業の元会長から英語のリスニング訓練について相談を持ちかけられたことにある。その男性は、英語の使い手として知られ、英語の講演の聞き取りや外国人記者のインタビューを、通訳者を使わずに何の支障もなくこなすことができた。退職後は、ある産業団体の会長に就任し、その英語力を見込まれて産業界の国際的なルール作りを話し合う会議に日本の代表として派遣されることになった。英語力に自信のあったその人物にとってはまさに望むところだったろう。しかし、実際に会議に参加してみると、自分の英語力では太刀打ちできない場合もあることを認めざるをえなかった。男性は強いショックを受け、「このままでは、世界を相手に日本の立場をきちんと主張することができない。

どうすれば実践の場で役に立つ聞き取りの力を身につけることができるか」と相談に来られた。

　男性の話を総合すると次のようになる。「一番つらいのは、大勢の人が早口でがやがや言っているのがよくわからないことだった。本会議で議長が言うことや、各国代表の演説は聞き取れるが、フリーディスカッションでの自由な発言や、会議が終わった後、ロビーで交わされる会話を完全に理解する自信がない。しかも、大事なことはどうやら本会議よりもロビー活動のほうで決まっていくようである。会議が再開されると、さっきまで強硬に反対していた外国の代表が、なぜか急に態度を軟化させることがある。そういえば、その代表を含む数人が立ち話をしていたときに、別の国の代表が早口でしきりに何か話しかけていた。自分もその場にいたが、ロビーはほかの人の話し声でうるさく、その上コーヒーカップの触れ合うカチャカチャという音が重なり、とても集中できる環境ではなかった。本会議での発言ははっきり聞き取れるから、日本としてはこれでいいとか悪いとか、大筋のところで間違うことはないが、なぜ、議論の流れが変わったのかをつかむことができないまま発言するのは不安だった。会議の参加者にはノン・ネイティブも多く、「なまり」のある英語に悩まされた。しかも、自分以外のノン・ネイティブたちはおおむね英語のワイワイガヤガヤについていっているようだった。自分は何かこれまで、まったく的外れな訓練をしてきたのではないか」

　この男性の悩みを分析すると、英語の聞き取り難易度に関する5つの軸が見えてくる。ゆっくりだとついていけるが早口になるとわからない。スタンダードな英語はわかるが、ノン・ネイティブのさまざまな英語になるとつらい。フォーマルな英語はわかるが、くだけた会話は苦手。相手が自分に向かって話してくれるとわかるが、ほかの人に向かって話しだすとわからなくなる。静かで集中できる環境なら聞き取れるが、騒音や人の話し声がかぶさると気が散って聞こえない。本書では、この男性のような学習者が一段上の実践的リスニング力を身につけるための訓練を、①スピード、②標準的な英語からの距離、③話し方のカジュアル度、④ほかの人たちが交わす会話、⑤音響的な障害の5つの軸に沿って提案する。

目　次

はじめに　iii

Part I　導入 ―――――――――――――――――1
1. 本書のねらい　2
2. プロローグ――佐藤雄太の新たな挑戦　5
3. 訓練開始――最初の講義：英語リスニング難易度の5軸　9
4. 最初のトライアル――難度最高レベルの聞き取り　18

Part II　英語リスニング実践訓練 ―――――33
イニシャル・リスニングテスト　雄太の受けた選抜試験を受けてみよう　34
Lesson 1　スピードのある英語を聞き取る　47
Lesson 2　「なまり」のある英語を聞き取る　66
Lesson 3　カジュアルな英語を聞き取る　93
Lesson 4　ほかの人たちが交わす会話を聞き取る　115
Lesson 5　音響的な障害（Acoustic Disturbance）のある環境で英語を聞き取る　137

Part III　いよいよ現場へ ――――――――155
1. 初めての任務――記者発表を聞き取って報告せよ　156
2. 大富豪に近づけるか――孫娘の望みを突きとめよ　165
3. 大学の生き残り戦略は留学生の獲得にあり――留学生の本音を探れ　172
4. パーティに潜入せよ――産業界の大物がもらした重要情報　187
5. エピローグ　199

学習のアドバイス　202
あとがき　207
参考文献　208

Part I

導入

1. 本書のねらい

　本書は、すでに基本的な英語リスニング能力を身につけており、標準的な英語のナレーションのリスニング訓練では飽き足らない人が、さらに実践的な聞き取り能力を身につけることを目的として編集されている。本書では、基本的な英語リスニング能力を、「日本語と英語の音声的な違いを理解し、標準的な英語の音声を聞き取ることができ、さらに単文だけでなく従属節を含む長い文章の内容が理解できる能力」と定義している。このような能力を身につければ、標準的な英語が話される正式な会議での発話や標準的な英語のアナウンスメントを聞き取ることができるだろう。

　しかし、そのようなリスニング能力を身につけた人でも、聞き取りができず苦労をすることがある。それは主に次のような場面である。

1 ノン・ネイティブの英語は、「なまり」が強く聞き取れない。
　ノン・ネイティブの英語が聞けない人は、標準的な英語を話す人たちのみが出席する会議にしか参加できず、グローバル化した現代のニーズに対応できない。

2 自分に向かって話してくれることは全部わかるが、相手が他のネイティブとしゃべりだすと、とたんにわからなくなる。
　いつまでも1対1の会話から抜け出せず、人々の輪に入れない。

3 大勢の聴衆に向かって行われるスピーチは理解できるが、隣同士で交わされる会話になると聞き取れない。
　ただ、スピーチの内容を理解するだけでなく、周りの聴衆の反応も聞き取る能力が必要である。隣に座った人たちが交わす感想が、スピーチの価値を評価するのに役立つからである。

4 声を張り上げて明瞭に話してくれるとわかるが、小声やくぐもった声で、ひとりごとのようにつぶやかれると聞き逃す。
　はっきりしたメッセージはわかっても、その後の低い声のつぶやきが

聞き取れないため、なぜ聴衆が笑っているのかわからない。

5 静かな環境で聞けばわかるが、少しでも騒音があると聞こえない。
ナイフやフォークが皿に当たる音、グラスの触れ合う音や人の笑い声があると著しくリスニング能力が低下する。

6 まじめな議論にはついていけるが、休憩時間に交わされるカジュアルな会話が聞き取れない。
カジュアルな会話に参加できないため、仕事にしか関心のない朴念仁だと思われる。仕事以外の人間関係を築けない。

7 子どもや若者たちの友達同士の会話はまったく聞き取れない。
取引先の社長宅に招かれる機会があれば、子供や若者など、社長の家族と接する機会もあるだろう。また、街角で交わされる若者の会話にビジネス上のヒントを見いだす可能性も高い。

8 相手が少しでもふざけたり、興奮したりすると、とたんに聞き取り能力が落ちる。
場がしらけるので "I beg your pardon?" と聞き返すのはためらわれるが、あいまいにうなずいたことが後で思いがけないトラブルになることもある。

　本書では、実践的な英語リスニング能力を、「多様なリスニング場面に対応できる聞き取りの能力」と定義し、その能力を身につけるための実践的な訓練を提案する。ドリルは英語リスニングの難易度に関する5つの軸に沿っている。学習者は目次の順番にドリルを行うこともできるし、自分の関心のある軸から始めてもよい。ドリルをするときは、音声を一度だけ聞いて設問に答えることが望ましい。実践的なリスニングの場面では、聞くことができるチャンスは一度しかないと肝に銘じておいたほうがよいからである。一度ではわからないところがあれば、何度か聞いて、最後に解答と解説を読むようにするとよい。

　本書では、数年前に研究社から出版された『英語リスニング・クリニック』の登場人物の一人、佐藤雄太氏が読者の水先案内を務める。ドリルは佐藤雄太という人物が英語リスニング・エージェントとして成長する過程

を追う形で組まれている。その目的はドリルに実践的価値を持たせ、楽しみながら学習できるようにすることにある。ドリルに集中したいという読者は物語を読み飛ばしても一向に構わない。

2. プロローグ
佐藤雄太の新たな挑戦

　佐藤雄太氏は、留学や海外勤務の経験がなく、日本国内でまじめに英語を勉強してきた人物である。数年前に東京都内にある英語リスニング・クリニックで訓練を受けて基本的な英語リスニング能力を獲得し、念願の外資系企業に転職することができた。スピーキング能力については、いまだに発音は日本式、文章は和文英訳の域を出ないが、リスニング能力は高いという評価を受けていた。会社はマーケティング、商品開発、企業研修などを主な事業の柱としており、佐藤氏は主に企業研修の企画を担当してきた。

　充実した日々を送る佐藤氏に、ある日、上司から特別な英語試験を受けるよう命令が下った。佐藤氏は、これは念願の海外勤務を実現できるチャンスではないかと思い、猛烈に勉強して試験に臨んだ。試験の手ごたえはあった。しかし、その後、上司からは何の指示もない。やはり成績が悪かったのかと思い始めたころ、上司から常務の部屋に行くように言われる。佐藤氏は緊張して扉を叩いた。

常務：佐藤君か。まあ、座りたまえ。先日の英語の試験結果を見せてもらった。君はずっと日本で暮らしてきたのに、英語のリスニングがよくできるんだね。

佐藤：ありがとうございます。（やった！　これで海外勤務が実現するかもしれない。）

常務：そこで、君のリスニング力を見込んで、当社の新しい顧客サービスに協力してもらいたいんだが、どうだろうか。

佐藤：はい。お役に立つのであれば喜んでやらせていただきます。（リスニング力？　どうして「英語力」じゃないんだろう...）

常務：新しい顧客サービスというのは、ビジネス・リサーチ部門に併設される実験的なセクションで、今のところメンバーは一人。つまり君

だけだ。君も知っての通り、当社はマーケティング調査を業務の柱にしているが、今までの調査手法ではなかなか市場のニーズを把握することができず苦戦している。

佐藤： はい。私もそのように承知しております。（どうやら、海外勤務の話ではなさそうだな。メンバーが一人ということはつまり窓際？ もしかしたら退職に追い込むための嫌がらせなのかも？ しかし、それなら何も常務が出てくる必要はないし...）

常務： 情報化が進んだ現代の市場では、人々の嗜好性が多様化し、必ずヒットする商品やサービスを開発することがますますむずかしくなっている。従来の調査で集めるデータの数字に頼っているだけでは、人々が本当のところ何を求めているのかはよくわからない。当社の調査が顧客の商品やサービスの開発で大ヒットを飛ばすことも、最近はほとんどなくなった。このままでは先細りだ。

佐藤： では、その新しい顧客サービスは、これまでのやり方ではわからない顧客のニーズをつかむ調査なんですか？

常務： その通り。発想の原点はこうだ。人々の「嗜好性」は、アンケート調査やインタビューではなく、オフガードで交わされる何気ない会話においてこそもっともはっきり表われる。調査員が「あなたはこの二つのどちらが好きですか」と尋ねて得られる答えよりも、インタビューが終わった後のつぶやきを聞くほうがずっと役に立つと思わないかね。

佐藤： そう思います。すると、そのつぶやきを聞くという仕事なんですか？

常務： 君はなかなか勘がいいね。君の新しい仕事は「英語リスニング・エージェント」だ。国際的なビジネスを伸ばしたいという顧客の依頼に応じて、製品やサービスのユーザーの本音を聞き出す仕事だ。

佐藤： しかし、それでしたら、先日、一緒に試験を受けた中で、先輩の山中さんや橋本さんなど、私よりずっと英語のできる人がいるはずですが、なぜ、私なんでしょうか。

常務： （含み笑いをしながら）それは君にもっとも「英語リスニング・エージェント」の適性があると判断したからだよ。適性とは、第一に、

英語のリスニング能力が高いこと。第二に、その能力をほかの人に気づかれないことだ。君は、英語のリスニング力に優れているが、幸いにも、スピーキングがお世辞にもうまいとはいえない。つまり、誰にも英語ができる人物というイメージを持たれない。第三に他人の警戒心を解くようなその人柄。君は、頭脳は明晰だが、外から見ている限り、目から鼻に抜けるような切れ者という感じが微塵もない。温和で利に疎く、要領が悪そうな人間に見える。人々がオフガードで交わす会話の場面に、警戒されることなく入っていくことができる。ここまで揃った人物はめったにいないと考えたんだ。ひとつ、わが社の将来のために一肌脱いでくれたまえ。

「英語リスニング・エージェント」に選ばれたことを喜ぶべきか悲しむべきか。「これではまるで、ぼくがほかの人より英語が下手で、のろまのお人よしに見えるから決めたというふうに聞こえるじゃないか」。佐藤氏の胸中は複雑だった。「しかし、常務直々の命令には逆らえないだろう。それに、この仕事なら、これまで鍛えてきた英語リスニング能力を生かすことができる。もし、それで本当に会社の業績が上向くのなら、願ってもない話かもしれない」と気持ちを立て直し、佐藤氏は答えた。

佐藤：わかりました。私でお役に立つのであれば喜んでやらせていただきます。
常務：そうか。きっと承知してくれると思っていたよ。それなら早速訓練を始めてもらおう。
佐藤：訓練を受けるんですか？
常務：君にはその資質があると見込んではいるが、今のままでは、とても「英語リスニング・エージェント」は務まらない。専任の教官について集中的な訓練を受けることになる。
佐藤：専任の教官というのは？
常務：長年、某国の諜報機関で語学訓練の教官を務めた女性だ。その手にかかれば、どんな人間でも数ヵ月のうちにリスニング・エージェン

　　　　トとして活動することができると評判を取った凄腕だ。
佐藤：それは、つまり...スパイの盗聴のような...
常務：佐藤君！ことばには気をつけたまえ。わが社が考えているのは、消
　　　費者の本音をつかみ、社会のためになるような商品やサービスの開
　　　発につなげることだ。けっして反社会的なことではない。高い倫理
　　　観を持って職務に当たってほしい。
佐藤：かしこまりました。ご期待に沿えるよう、佐藤雄太、粉骨砕身、全
　　　力を挙げて取り組みます。

　こうして佐藤氏は「英語リスニング・エージェント」第一号としての
道を歩むことを決めた。

3. 訓練開始
最初の講義：英語リスニング難易度の5軸

　今日から英語リスニング・エージェントになるための訓練が始まる。雄太は本社ビルの最上階にある特別室で教官の到着を待っていた。教官は某国の諜報機関でスパイの養成にかかわっていた女性と聞いた。スパイといえば007のジェームズ・ボンドぐらいしか思いつかない。映画なら、さしずめ金髪のグラマーな美人が現れ、やがてボンドとラブシーンを演じるという筋書きになるだろうか。あらぬ想像が一瞬、雄太の頬を緩ませた。しかし、その女性の手にかかればどんな人間でもリスニング・エージェントに仕立てあげられるという話だ。さぞかし厳しいのだろう。きっとヒョウのような目と酷薄そうな薄い唇をした女性に違いない。できなかったらムチでしばかれるのだろうか。まさか、ものにならないとわかったらひそかに闇に葬られるなんてことにはならないよなあ...雄太はだんだん気持ちが沈んできた。

　廊下に人の足音が聞こえる。教官だ。足音は次第に近づき部屋の外で止まった。ドアが開く。緊張する雄太の前に現れたのは柔和な笑みをたたえた、日本人とおぼしき小柄な女性だった。雄太は、最初、飲み物を持って来てくれたのかと思ったが、その女性はお茶のセットを載せたお盆など持っていなかった。では、時間か場所が変更になったのだろうか。けげんな表情を浮かべる雄太に、女性はにこやかに「こんにちは」と言った。「佐藤雄太さんですね。今日からあなたの訓練を担当します。ブラックスワンと呼んでください」。これがスパイの元教育係？　雄太は驚きのあまり声も出なかった。あらためて見ると、確かに専門家の権威のような雰囲気を漂わせている。しかし、のりのきいた木綿の白のワンピースを着ているせいもあって、どう見ても看護師か保健婦のようだ。

　うろたえながら雄太は「どうぞよろしくお願いします」と言った。この人がスパイの教育係なんて誰にも気づかれない。雄太は常務から「君には英語リスニング・エージェントの適性がある」と言われたことに納

得がいったような気がした。

教官：佐藤さん。この訓練の目的は、あなたが大きな「スター」をつかめるようになることです。「スター」、つまり「星」のことですが、これから行う最初の講義「英語リスニング難易度の5軸」をお聞きになれば、おわかりになるでしょう。

雄太：よろしくお願いします。（「スター」って何だろう。ぼくが英語リスニングのスターになるということだろうか...）

教官：私たちは毎日、母語で多くの音声情報を聞き取り、理解し、それに反応しながら暮らしていますが、何気なく行っているように思われるリスニングには複雑なプロセスが含まれています。そのプロセスを構成する要素のどれか一つにでも障害が起こると、発話を理解できなかったり誤解してしまったりします。

ブラックスワン教官はスクリーンにリスニングの構成要素を映写した。

リスニング (listening comprehension) の構成要素

1. 連続した音声を聞き、
2. 言語的に意味のある単位に切り分けて語彙や語句 (phrase) を認識し、
3. それが構成する構文 (sentence structure) を識別した上で
4. 発話の明示的意味 (denotation) を理解し、
5. さらにコンテクストや文化的な背景などを考慮した暗示的な意味 (connotation) を把握する。

教官：この訓練ではリスニングの難易度を、発話のスピード、標準的な英語から外れた話し方、カジュアルな話し方、ほかの人同士の会話、そして騒音など音響的によくない環境で行われる発話の5つの側面に分け、その難易度を5つの軸を持つスターマークで表します。そして、それぞれの軸ごとに中心から外側に向かって、やさしい (1)、やや、やさしい (2)、やや、むずかしい (3)、むずかしい (4) の4段階で示します。したがって、5つの軸がすべてやさしいスターは

小さく、むずかしいものは大きなスターになります。訓練を通して、どうぞ大きなスターをつかまえられるようになってください。

英語リスニング難易度スターマーク

星の5軸（時計回りに）

1. スピード： Slow vs. Fast
2. 標準的な英語からの距離： Standard vs. Non-Standard
3. 話し方のカジュアル度： Formal vs. Casual
4. 発話が自分に向けられているかどうか： Addressed vs. Not-Addressed
5. 音響的な障害： Acoustic Disturbance

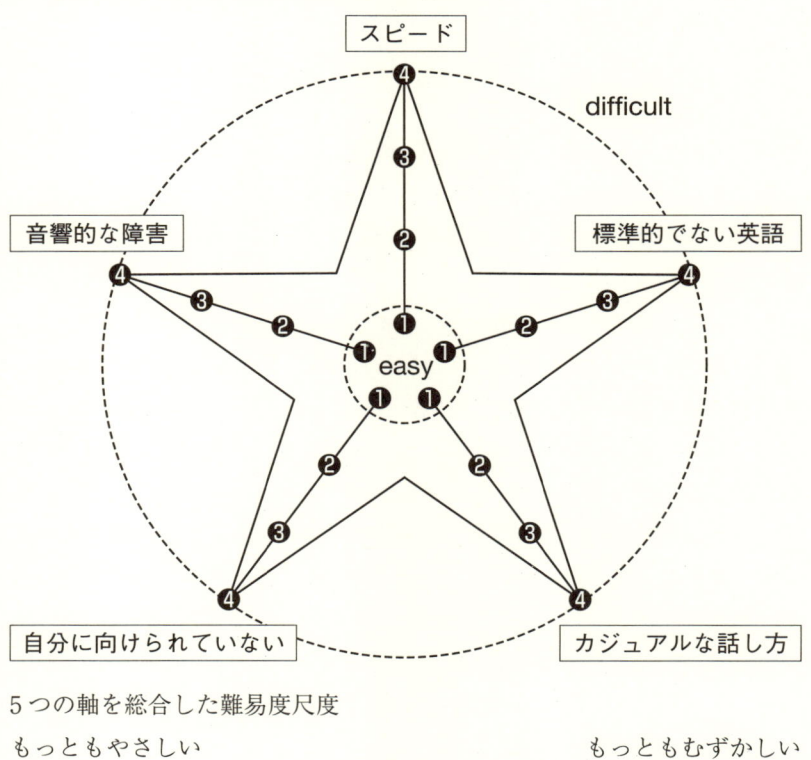

5つの軸を総合した難易度尺度

もっともやさしい　　　　　　　　　　　もっともむずかしい

5ポイント ◀━━━━━━━━━━▶ 20ポイント

Part I. 導入

講義　英語リスニング難易度の5軸

英語リスニングの難易度に関する5つの軸
- 第1の軸　スピード：Slow vs. Fast
- 第2の軸　標準的な英語からの距離：Standard vs. Non-Standard
- 第3の軸　話し方のカジュアル度：Formal vs. Casual
- 第4の軸　発話が自分に向けられているかどうか：
　　　　　　　　　　　　　　　Addressed vs. Not-Addressed
- 第5の軸　音響的な障害があるかどうか：Acoustic Disturbance

　なお、難易度を表す4つのレベルは、第一の軸のスピードを1分間のワード数で表しているが、いずれも厳密なデータ分析に基づくものではなく、おおよその目安を示すものである。スターマークが大きいほどむずかしく、小さいほどやさしいことを表す。

● 第1の軸　スピード：Slow vs. Fast
　話すスピードが速くなると聞き取りがむずかしくなるという経験は誰にでもあるだろう。それは主に、スピードが上がることによって二種類の困難が生じるからである。

　一つは、発話の意味を理解する作業がスピードに追いつけなくなることである。母語に比べて外国語のリスニングでは、音声や語彙、構文の識別、明示的・暗示的意味の把握のすべてについて、はるかに長い時間がかかる。早口で話されると母語でもわかりにくいのだから、外国語であればなおのこと聞き取りの負担は大きくなる。

　もう一つは、早口になることで音声が変化することである。隣同士の単語がつながって聞こえる（リエゾン）、音が消失する（ディリーション）、語句の短縮（コントラクション，"want to go"がウオンナゴウになるなど）のような音声的な変化のために、知っている単語でも気がつかないことがある。

　これらはどちらか一つでも困るが、二つが重なると大きな障害になりうる。

パブリックスピーキング研究で有名なスティーブン・ルーカス教授によれば、通常アメリカ人のスピーチのスピードは1分間に120～150ワードである。有名人のスピーチとしてはマーティン・ルーサー・キング牧師の"I have a dream"は最初が92ワードのペースで、最後が145ワード、J. F. ケネディ大統領の演説は通常180ワードだった。アメリカのPBS（公共テレビ放送）の番組"News Hour"を例に取ると、キャスターのジェフリー・ブラウンのリード（ニュースの導入部分）がおよそ1分150ワード、非常にゆっくりしたレポートが120ワード、ハリ・スリーニヴァサン記者によるニュースは160～200ワードである。

本書では、およそ120ワード以下を「やさしい」、120～150ワードを「やや、やさしい」、150～180ワードを「やや、むずかしい」、180ワード以上を「むずかしい」とした。

●第2の軸　標準的な英語からの距離：Standard vs. Non-Standard

「標準的な英語」（Standard English）のはっきりとした定義はない。英語を母語とする話者の間にも発音や語彙などのばらつきがあるからである。本書は日本人の英語学習者を対象とするため、他の言語を母語とする人たちが学ぶ際にお手本として使われるイギリスの英語や北米の英語を「標準的な英語」と呼ぶことにする。標準的な英語からの距離の要素には、発音だけでなく語彙や文法、語用も含まれる。

「標準的な英語」を「やさしい」、発音や文法などが「標準的な英語」から大きく外れるノン・ネイティブの英語を「むずかしい」とした。その間の「やや、やさしい」を標準英語に近いノン・ネイティブの英語、「やや、むずかしい」を「なまり」のあるネイティブ・スピーカーの英語、としたが、この二つの段階を厳密に規定するのはむずかしい。ネイティブ・スピーカーの強い「なまり」は日本人学習者にとって悩みの種だが、話者によるばらつきが大きい。一般には、ノン・ネイティブによる「学んだ英語」のほうが、英語学習者が耳にする機会の少ないネイティブの「なまり」、例えばアイルランド人の英語よりも聞き取りやすいと考えられる。

●第3の軸　話し方のカジュアル度： Formal vs. Casual

　カジュアルな話し方の特徴は、話し手と聞き手が話題の背景について共通の理解を持っているときに表れる。「あれ、どうなった？」だけでも、相手に何のことかがわかるような間柄の会話は、暗黙の了解に頼る部分が大きくなる。家族や友人同士の会話は、断片的なことばのやり取りが多く、笑ったり、声をひそめたりするなど、感情豊かな話し方になり、音量やスピードの変化も大きい。これに対して、大統領の演説のように公の席で大勢の聴衆に向かって話すときには、発言内容がきちんと伝わるように、わかりやすい文章が使われ、重要な語句には丁寧な説明が加えられる。話し方のスピードは安定し、声や発音も聞き取りやすい。聞き手にとってできるだけ不明な点がないようにと配慮されたフォーマルなスピーチに比べると、すべての情報が明示化されず、音声の大きさやスピードが安定しないカジュアルな話し方は、リスニングがむずかしいといえよう。

　ここではフォーマルなスピーチを「やさしい」、家族や親しい友人同士の会話を「むずかしい」として、その間に、ディスカッションなどの自発的な発話を「やや、やさしい」、職場での会話や教師と学生のやり取りなど、少しカジュアルな発話を「やや、むずかしい」とした。

●第4の軸　発話が自分に向けられているかどうか：
　　　　　　　　　　　　　　　　　Addressed vs. Not-Addressed

　読者の皆さんには、自分に向かって話される英語はわかるが、英語母語話者同士が話しているのをそばで聞いていると、まったくわからないという経験がないだろうか。これは日本語の会話でもよくあることだ。同じ学校の卒業生同士が学生時代のことについて交わしている会話は、別の学校の卒業生には理解できないことが多い。しかしそのような場面でも「何の話をしているのか」と尋ねることによって自分にもわかるように話してもらえるようになる。それは話し手が自分を聞き手として意識するからである。人が誰かに向かって話すときは、聞き手が自分の言うことを理解してくれるかどうかが気になるものだ。相手がけげんな表情を浮かべれば、発言を繰り返し、状況の説明などの追加情報を加えて少しでもわかってもら

えるように努力する。例えば聴覚が衰えた高齢者に対しては普段より大声で、子どもにはやさしいことばを使うようにする。自分に向かって話される英語がわかりやすいのは、英語話者がノン・ネイティブの理解力に合わせて話してくれるからである。

　ここでは、自分に対して直接的に話しかけられるときのリスニングを「やさしい」、他の英語話者同士の会話を小耳にはさむことを「むずかしい」とし、その間に、自分に向けて話されているが、こちらの理解の程度についてあまり配慮されていない場合を「やや、やさしい」、大勢で行う議論など個別の聞き手としての意識がなされていない場合を「やや、むずかしい」とした。

●第5の軸　音響的な障害があるかどうか：Acoustic Disturbance

　発話者の声が小さい、または雑音でよく聞こえない環境がリスニングの障害になることは言うまでもない。しかし、実際には、スタジオで録音された音声のように、音響的な障害がまったくない音声を聞くことはめったにない。実践的なリスニング能力を身につけるためには、ある程度の音響的な障害を乗り越えることが不可欠である。

　ここでは、スタジオで録音されたスピーチのように話し手の声が明瞭に聞き取れるものを「やさしい」、騒々しい音楽が流れているパーティ会場での会話などを「むずかしい」として、その間に、相づちや咳払いやごく普通の生活騒音の交じる発話を「やや、やさしい」、複数の会話が同時進行するディナーや駅などの騒音の中で行われる発話を「やや、むずかしい」と位置づけた。

英語リスニング難易度の4つのレベル

尺度 軸	やさしい 1	やや、 やさしい 2	やや、 むずかしい 3	むずかしい 4
スピード （1分間当たりのワード数の目安）	120 ワード以下	120～150 ワード	150～180 ワード	180 ワード以上
標準的な英語からの距離	外国語として英語を学習する者がお手本にするイギリスの英語や北米の英語	発音や文法などは標準英語に近いがノン・ネイティブであることが明らかな英語	ネイティブ・スピーカーだが日本人学習者が接することの少ないなまりがある英語	発音や文法などが標準的な英語から大きく外れている英語
話し方のカジュアル度	フォーマルなプレゼンテーション。大統領のスピーチ、ニュースなど、原稿を用意するなど十分に準備されているもの。	ややフォーマルな場面での自発的な発話。スピーチの後の質疑応答やパネル・ディスカッションなど。	ややカジュアルな場面での発話。職場での会話。教室における教師と学生のやりとりなど。	カジュアルな場面での発話。家族や親しい友人同士の会話など。
発話が自分に向けられているかどうか	自分に対して直接的に話しかけ、十分理解できるように配慮された発言。	自分に対して直接的に話しかけているが、こちらの理解についてあまり配慮がされていない発言。	自分を個別の聞き手として意識せずに行われる発言。大勢の人による議論に参加しているような場面。	自分を聞き手として意識していない発言。ほかの人たちの会話を小耳にはさむことなど。
音響的な障害	話し手の声が明瞭で騒音がないなど、聞き取りの環境が良好である。スタジオで録音されたスピーチなど。	聞き取りの環境が完ぺきに良好とはいえない。発言の重なり、相づち、咳払いやごく普通の生活音の混じる会話。	聞き取りの邪魔になる要因がある。複数の会話が同時進行する着席のディナー、街の中や駅などの騒音の中で行われる会話。	聞き取りの邪魔になる要因が多い。騒々しい音楽が流れている会場での立食パーティなどでの会話。

雄太のひとりごと

　リスニングで苦労するのはスピードと「なまり」のせいだと思っていた。しかし、言われてみれば、スピードが早くてもよくわかる人もいるし、ゆっくりで、「なまり」もないのによくわからない人もいる。それに、なまりのあるノン・ネイティブのほうがネイティブの早口よりも聞きやすいときもある。思ったより複雑なんだな。そういえば、いつも英語で話している同僚が電話で友人と会話を始めたときは、「これが英語？」と思うほどわからなかった。しかし、騒音があると聞こえないのは当たり前じゃないか。訓練をすれば騒音があっても聞こえるようになるんだろうか？　ここはちょっと、眉つばじゃないの...？

4. 最初のトライアル
難度最高レベルの聞き取り

教官： 佐藤さん、これで5つの軸についての説明はおわかりになったと思いますが、まずは、これら5つの軸で見た場合に一番難度が高いというレベルの会話がどんなものか、今の段階で、どの程度聞き取れるかを、実際に体験していただくことにしますね。最初に最高レベルの会話の聞き取りに挑戦していただくことで、今のご自分の聞き取り能力のレベルを確認していただきます。現状を知ることは今後の進歩につながる第一歩ですからね。今後の訓練の到達地点を、ご自分なりに具体的に想定していただくこともできるはずですから。

雄太： はっ、はい、わかりました。（のっけから、最高難度なの?! 厳しいよなあ。見かけによらないなあ、この先生は。ちょっとはお手柔らかに願いたいなあ。）

　では、読者の皆さんにも、雄太と同じように最高難度の聞き取りに挑戦してみてほしいと思いますが、ブラックスワン教官が用意した音源には一部機密情報が含まれていたため、残念ながら読者の皆さんに提供することはできません。そこで、ここでは、後のレッスンで使用する予定の音源の一部を用いて、トライアルのシミュレーションとしたいと思います。

　Track 1の会話は、日本に来ている留学生に、海外の友人や知り合いに日本への留学を薦めるかどうかを聞いたときの答えである。クロアチア人のリンダ、インドから来ているニーシャ、そして、インドネシア生まれの中国系シンガポール人だが、英語が母語に近いというアイミーが発言している。この部分では、リンダ、ニーシャ、リンダ、アイミーの順に発言している。彼女たちの発言内容はごく簡単で、むずかしい用語も、文体も使われていない。文字で読んだとしたら、極めて簡単なことしか述べていないが、全体を聞き取ることは、かなりむずかしいと思われる。

1回では聞き取れなかった場合、2回3回と聞いてみてもよいが、何回聞いたらどの程度（何％）の内容が把握できたか、自分でだいたいの記録を取っておこう。聞き取りテストとしては、まず、1回だけ聞いて、以下の正誤（true or false）クイズに答えてみよう。さらに、それぞれのスピーカーが何を言っていたか、簡単にまとめたサマリーを書いてみよう。

　最終的にp.31の答えを確認する前に、全体を書き取るトランスクリプションに挑戦すれば、どこが聞き取れていないかがはっきりと確認できるだろう。

　以上は、本書で取り組むどのドリルにもあてはまる。

ドリル1

問題　CDを聞いて、次の記述が正しいかどうか、○か×で答えましょう。 **CD 1**　　　　　　　　　　　　　　　　　　　（解答 p. 31）

1. Linda says Croatians know Japan very well. (　)
2. Linda says she would tell young Croatians who wish to come to Japan that they have nothing to worry about life in Japan. (　)
3. Linda says she would advise young Croatians who wish to come and study in Japan to prepare for things that may be different from their expectations. (　)
4. Linda says Japanese people are very easy to make friends with. (　)
5. Linda says she was in her mid 20's, when she came to Japan. (　)
6. Linda says she was not used to living alone, when she came to Japan. (　)
7. Nisha says if a person is social, he or she can survive in any kind of situation. (　)
8. Nisha says foreign students who are not social may find it difficult to live in Japan. (　)
9. Nisha says Japan is very similar to all other countries. (　)
10. Nisha says Japan is very different from all of their countries. (　)
11. Nisha says she was very lonesome, when she came to Japan. (　)

12. Linda says Japan is a very great country to study in, and living alone is good for any foreign students who come to Japan. (　)
13. Linda says back in her country, she had only one friend. (　)
14. Linda says it could be a shock for foreign students to come to Japan and find out it is quite difficult to make friends in Japan. (　)
15. Imee says it would be a good idea to live in a school dorm in the beginning. (　)
16. Imee says many Japanese students work and go to clubs and they don't really hang out with friends so much. (　)
17. Imee says students in other countries also work part time and keep very busy. (　)
18. Imee says students in other countries often go for coffee and talk or visit each other's house. (　)
19. Imee says hanging out with friends is not really the culture of Japanese students. (　)
20. Imee says it is the best for foreign students to do homestay for the first year or two. (　)

ドリル2

[問題]　3人の発話のサマリーを書いてみましょう。 CD 1

（解答例 p. 31）

1. リンダの発話 ①

2. ニーシャの発話

3. リンダの発話 ②

4. アイミーの発話

　クイズの答え、およびサマリーのサンプルは、p. 31 にある（会話のトランスクリプションは p. 29 から）。20問中何問正解できただろうか。この会話の一部はかなり難度が高いといえるが、最終的には、このような会話の場合も、だいたい正しく意味を聞き取ることができるようになるということを、本書のレッスンの目標としている。

　さて、Track 1 で聞いた会話の難易度を、先に説明した5つの軸で分析してみよう。おそらくリンダの話がもっとも聞き取りにくかったという人が少なくないだろう。彼女の話が聞き取りにくいのは、内容がむずかしいからではなく、彼女のスピード、発音、話し方に原因があるといえるだろう。つまり、1. スピードがかなり速いこと、2. カジュアルであり、3. 聞き

手であるあなたに向かって直接話しかけてはいない、つまり non-addressed であること、そして、4. 標準的な米語でも英語でもない non-standard English の一つであることがその理由だと言える。幸い5つ目の聞き取りをむずかしくする要素である雑音は、ほとんど入っていないが、1から4まで、それぞれの軸上でかなり難度の高いレベルにあり、全体として見ると最高難度が 20 であるのに対し、リンダの発言は難度 16 という高さである。

では、ここでこの5つの軸を使って、3人のスピーチを分析してみよう。

このスピーチの特徴　リンダの場合

1　スピード　難度4

リンダのスピードは、1分間におよそ 220 から 250 ワードとかなりのスピードである。

2　標準的な英語からの距離　難度3

リンダの英語は、かなりアメリカン・イングリッシュに近いイントネーションであり、その点では、なじみやすいはずだが、especially, by scholarship, definitely など、個々の単語のエンディングの発音がかなりソフトなこと、these kids が this kids に聞こえるほど、あるいは、saw this young girl の saw は、それとは聞き取れないくらいソフトであるという具合に、個別の音が極めて短く短縮され、音が詰まるなど、聞き取りがむずかしい発音になっている。また、I recently, very very recently などに見るように、[l] や [r] の発音が非常にソフトで聞き取りにくいなどという特徴がある。こうした特徴は、彼女の母語の影響だと思われるが、英語を母語としない人の英語については、速やかにその人の特徴に慣れることが必要となる。

3　カジュアル度　難度4

カジュアル度も高く、その目安の一つとなる特に意味のない挿入句である you know というフレーズが、1分間に 14～15 回も使われていて、慣れないノン・ネイティブの聞き手にとっては、リスニングの妨げになる可能性がある。また、文体も極めてカジュアルで、自分の意見を述べる中で、She said, "Okay, I got scholarship. It was a dream come true....（彼女が言うにはね、「うん、私、奨学金もらったの。夢がかなったのよ。...」）などと、第三者の言葉が、たびたび、そのまま挿入されていて、どこからどこまでが、リンダの言っていることで、どこからどこまでが、第三者の発言を引用しているのかがわかりにくい話し方だというような要素も絡んでいる。こうしたスピーチでは、発話の意味の理解には不要な語句を頭の中で編集・排除して、大事な部分のみに神経を集中させて意味をとらえることが必要になる。

　しかし、これは、日常の会話ではよく見られることで、取り立ててリンダに特有の話し方であるわけではないので、このような話し方でも、聞き取れることが、コミュニケーション成立のカギとなる。

4 **自分に向けられていない　難度 4**

　読者のみなさんは、リンダたちの会話を話の輪の外にいて聞き取ろうとしている。したがって、この発話は自分に向かって話されていないものである。複数の人が同時に会話に加わっている場合、会話の輪

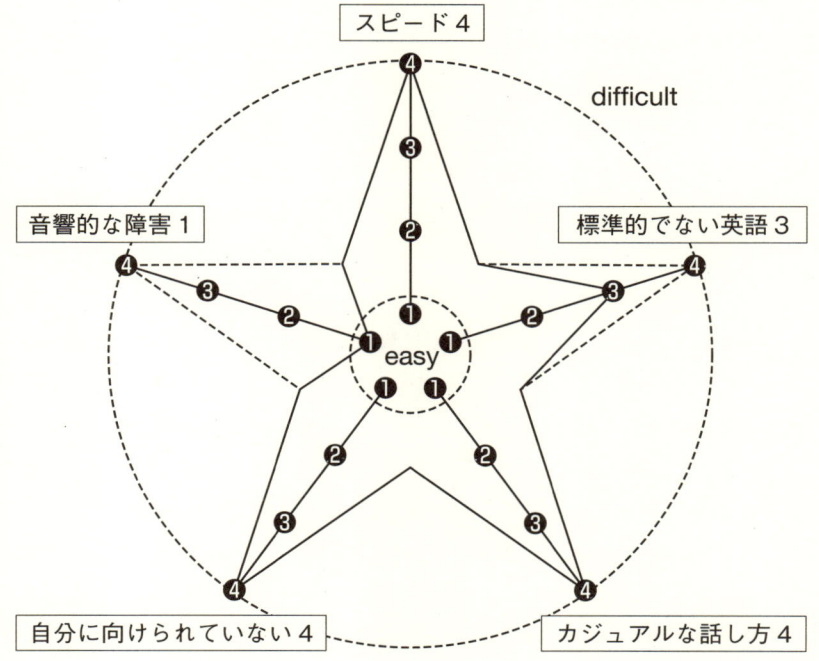

の中にいても、1対1の会話と違って、スピーカーは、輪の中の一人一人が自分の話を理解しているかどうか、顔色を見ながら話し方を調整するということはなかなかなく、全員が理解していると考えて話し続ける。このような会話は、会話の輪の中にいる個別のメンバーにとっても non-addressed といえる部分があり、1対1の対面で話を聞くときよりも聞き取りにくい場合が少なくない。その場合の難度は3になるだろう。ここでのリンダの発言は、会話の外にいる読者にとっては当然自分に向けられていないおしゃべりであるため、難度は最高の4ということができる。

5 **音響的な障害　難度1**

周辺にノイズはほとんど入っていないので、この難度は1とした。

リンダの総合難易度：　4＋3＋4＋4＋1＝16/20

[このスピーチの特徴] ニーシャの場合

1 **スピード　難度4**

ニーシャのスピーチのスピードは、1分間におよそ190ワードなので、スピードは速いが、リンダよりはかなりゆっくりである。

2 **標準的な英語からの距離　難度2**

ニーシャの話し方は個別の発音や文法は標準英語に近いが、イントネーションからノン・ネイティブであることは明らかである。ニーシャの話がやや聞き取りにくいとすると、原因は、このイントネーションにあるだろう。英語や米語とは異なるインドの人に特有の抑揚がついている。例えば、次の文を聞いてみると、

Especially, I think if you <u>are</u> a social per<u>son</u>, then you can sur<u>vive</u> in <u>an</u>y kind of situ<u>ation</u>.

と、ネイティブとは違う下線の箇所、特に単語の終わりが持ち上がるという特徴のあるイントネーションである。聞き慣れるまでは、聞き取りにくいと感じられるイントネーションだが、このような特徴があることを知って、リスニングの練習をすれば、意味をつかみやすくな

る。（インド英語のイントネーションについては、p. 81 参照）

3 カジュアル度 難度2

　ニーシャの話し方も、友人たちとの会話なのでフォーマルではないが、それほどカジュアルではなく、比較的きちんとしたセミフォーマルな話し方をしている。むだな挿入句はほとんどなく、簡潔に自分の意見を述べているので、カジュアルすぎて聞き取りにくいということはない。

4 自分に向けられていない 難度4

　この要素は、リンダの場合と変わらない。

5 音響的な障害 難度1

　この要素も、リンダの場合と同じレベルといえる。

ニーシャの総合難易度：4＋2＋2＋4＋1＝13/20

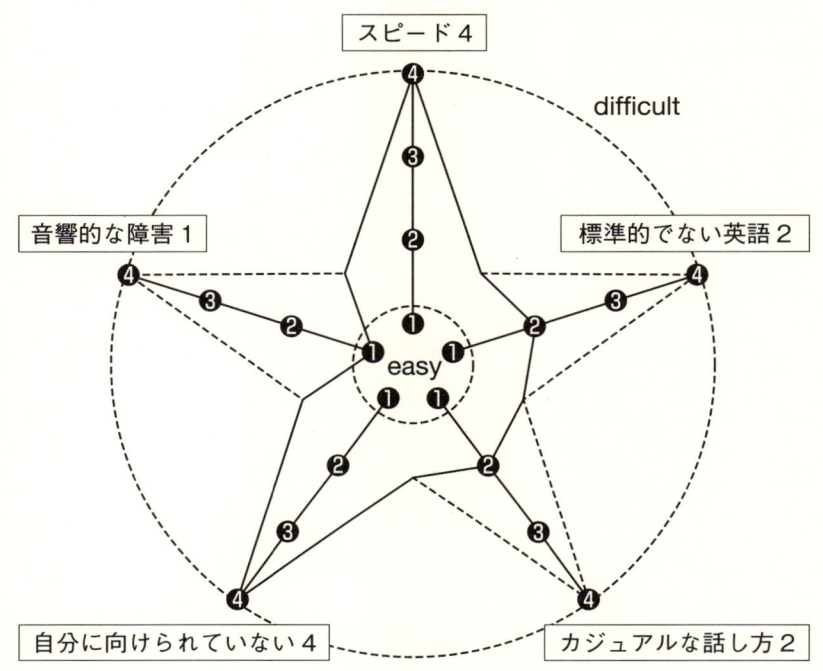

[このスピーチの特徴] アイミーの場合

1. スピード　難度4

　　彼女のスピードも、1分間に210ワードで、かなり速い。また、スピードが一定ではなく、速い部分と、ややゆっくりで聞き取りやすい部分がある。

2. 標準的な英語からの距離　難度2

　　アイミーの英語は、イントネーションも、個々の単語の発音も、ほぼ標準英語といってよいだろう。この点では3人の中ではもっとも聞き取りやすい英語と言える。

3. カジュアル度　難度3

　　スピードが一定でないということは、カジュアルなスピーチの特徴でもある。また、アイミーの話のこの部分は、音の強弱にもムラがあるのが特徴で、声がソフトになった箇所は、大きな声で話している部分と比べて聞き取りにくい。しかし、アイミーの場合も、ニーシャと

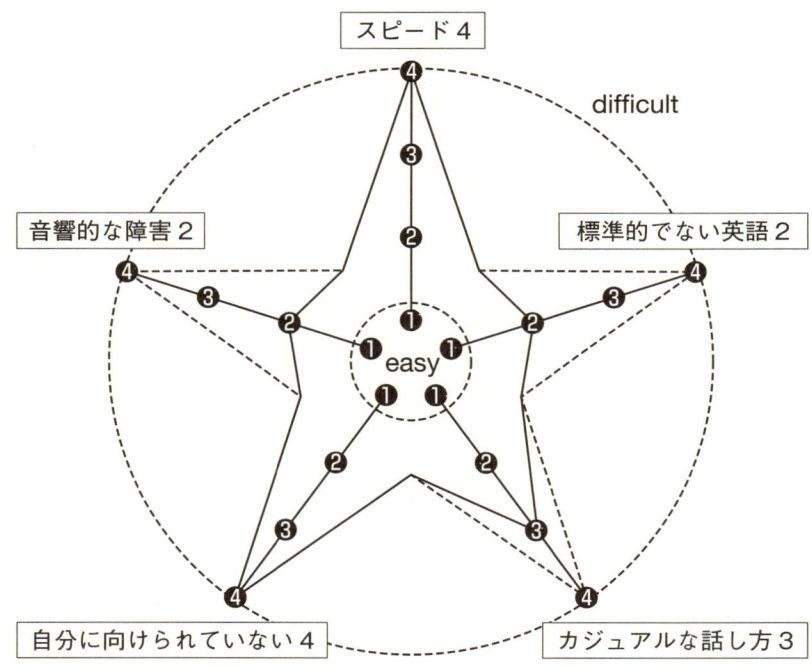

同様、you know, I mean といったような、カジュアル・スピーチに特有の意味のない挿入句はほとんど使われていないので、その点では、聞きやすい話し方である。

4 **自分に向けられていない　難度4**

　　この要素は、リンダとニーシャの場合と変わらない。

5 **音響的な障害　難度2**

　　雑音というわけではないが、アイミーの発言部分では、ほかの学生が相づちを打っている部分が何箇所かあり、その部分の発言が聞き取りにくくなっている。

アイミーの総合難易度：4＋2＋3＋4＋2＝15/20

　このように本書で設定した5軸の指標で見ると、それぞれの発話が、なぜ、どのくらい聞きにくいのか、聞きやすいのかという分析が可能になる。Track 1の会話は、おそらくもっとも聞き取り難度の高いレベルの英語の発話に分類できるだろう。本書では、これからのエクササイズを通して、このレベルの英語も8割程度は聞き取れるようになることを目標に、チャレンジしよう。

> **雄太のひとりごと**
>
> 　いやー、何なんだ、こりゃー。諜報機関のエージェントの訓練に使われていた素材だか何だか知らないが、最初っから、こんなのってありかよう。特にあのおしゃべり女は何だ。このレベルが目標地点だとはいえ、ちょっと待ってくれよって感じだったなあ。スピードは速い、ノン・ネイティブですごくきついなまりはある、おまけに知り合い同士のおしゃべりで、すごくカジュアルな話し方だった。そんなにむずかしいことを話しているとは思えなかったが、単語すら聞き取れないところがあったぞ。救いは、3人目の女性だ。早口だし、ちょっと癖があったが、なんとか話の骨子はわかったような気がしたからなあ。

しかし、あの弾丸みたいな話し方の英語は、どうしたら攻略できるんだろうか。ぼくに攻略できるだろうか。といって、今さら後には引けないしなあ。社長の期待もかかっているし。先生の指導に従ってがんばるっきゃないか。
　しかし、それよりも何よりも、驚いたのは先生のことだ。「某国の諜報機関で長年語学訓練の教官を務め、どんな人間でも数ヵ月のうちにリスニング・エージェントに育て上げる凄腕」だというから、さぞかし怖くて厳しそうな人物だろうと思っていたが、まるで日本人形のような小柄で優しく上品な日系人の女性じゃないか。あまりに拍子抜けしてしまって、最初は、指導に集中するのすらむずしかった。リタイアしたというのだから、かなりのいい年齢じゃないかと思うけど、何歳なんだろうか。年齢不詳という感じで、ちょっと不気味だな。しかし、けっこう厳しい人物のはずだから、これからは、今日のように不覚にも先生に見とれたりしないように気を引き締めて行かないと、ガツンとやられそうな雰囲気もあるな。
　それにしても、スパイの訓練機関はさすがだ。この人が出入りしていても、とてもじゃないが誰もスパイとは思わないだろう。せいぜい医務室の看護婦か、その手伝いくらいにしか見えないもんな。いや、それくらいだからこそ敵の目を欺けるのか。おっと、いけない。これはスパイじゃないんだよな。ことばには要注意、要注意！

ブラックスワン教官の評価

　かなり苦戦している様子ではあったが、見かけより踏ん張りやで、よく食い下がって挑戦した。この先も指導についてくることができれば、よい成果が上がるだろう。最後まであきらめずに訓練を終了することを期待する。

> ブラックスワン教官から読者へのコメント

　この本で扱った教材でいえば、ニーシャが完全に聞き取れた人は基礎レベル卒業、アイミーがほぼ完全に聞き取れた人は上級レベルと考えてよいでしょう。リンダが９割以上正確に聞き取れた人は、英語リスニング・エージェントとして有望です。私の特別訓練を希望なさる方は、是非ご連絡ください。

Transcription とクイズの答え

[原文]

Linda: In Croatia it's, like, the only way you can come to Japan is by scholarship, so you have this, you know, undergraduate school which means 5 years in Japan or the postgraduate school which means 3 years. And sometimes, you know, there are these kids who just came out of high school. They think, "Oh my god, we so great to go to Japan!" But, you know, when they come, they experience culture shock and difficulties. And, you know, they have, you know, it's very hard for them, so you know, basically, you know, if somebody is very motivated. He wants to go to Japan, I would definitely recommend, but I would also tell him, you know, be careful, you know, because it will be different for you, so, you know, just to prepare them. And, so basically, I recently, very, very recently saw this young girl. She said, "Okay, I got scholarship. It was a dream come true. But I'm so worried, you know, like, should I go, should I stay. I want to be with my friends." So I just gave her my experiences and told her, you know, "Don't worry, it will be fine." But I probably won't, you know, be saying, "Oh, just go for it," and I would, you know, try to warn them or, you know, to give them some . . . some constructive advice, and not just say, "Oh, it will be great." Because I went to Japan, when I was already about 24〜25. I was kind of, you know, used to living alone. And I was independent. I was very open. So, you know, it depends on the personality either. If you're not a social person, you know, who likes to communicate with others, you know, or who likes to learn the languages, you know, it can be difficult.

Nisha: Especially, I think if you are a social person, then you can survive in any kind of situation. But here, if you're not a social person, then you'd probably be left alone. That is something that is very different from probably all of our countries. So if a person is not prepared for that, it could be difficult.

Linda: Because I think in Japan, Japan is very very great, but, you know, making friends is different than back home. Like back home, like, you know, you can meet a person, you know, you can find similar, you know, a common topic, you know, and "Bam!" the next day you're in a coffee shop, you're drinking coffee together, you're talking. In Japan it takes time, you know, to get to this kind of level of, you know, going out to Japanese people, so, you know, to someone who is used to just, you know, getting friends with people very very quick, you know, it could be a kind of shock, you know, if you come to Japan, and you know, the people don't react the same way, so it could be a very negative experience for them, so I just try to point out, you know, okay, it will be great for you but, you know, just be careful about these, and these, and these things, so yeah.

Imee: And I guess if you want to come to Japan, it'll be better if, for your first year, you go to a dorm for example. Because, like living alone, I guess because a lot of Japanese . . . like, a student's lifestyle, they work, they go to clubs, and they don't really hang out with friends so much, that's not really the culture for Japanese students. Whereas for me, and I guess some of you too, that's what a student is supposed to do. We go to coffee and we talk. We don't really get that chance here, you know. We go to each other's house and we hang out. But we don't really do that, so

I guess if someone were to come to stay in Japan, for the first year or second year even, it'll be best to get to a dorm.

[解答]
ドリル1

1	2	3	4	5	6	7	8	9	10	11	12	13	14	15	16	17	18	19	20
×	×	○	×	○	×	○	○	×	○	×	×	×	○	○	○	×	○	○	×

ドリル2　サマリーのサンプル

リンダ①：クロアチアから日本に留学生としてくる場合は、奨学生としてくることがほとんど。学部生であれば3年、大学院であれば5年。高校を卒業したばかりで、「奨学金がもらえ、夢がかなったけど、どうしよう、行くべきか、どうすべきか」と迷う若い人には手放しでは薦めない。日本に来た場合、どんなことがありうるか建設的なアドバイスをすることにしている。自立心があって社交的な人なら問題はないが、日本での順応がむずかしいこともあるからだ。

ニーシャ：社交的で積極的な人はどこに行ってもだいじょうぶだが、そうでない人は、特に日本ではむずかしいこともある。日本は、人との付き合い方が、どこの国ともかなり違うからだ。

リンダ②：日本はすばらしい国だが、日本人と親しい友達になるのはかなりむずかしい。自分の国では、人と出会えば、すぐ翌日には一緒にコーヒーを飲みに出かけたりするようになるけれど、日本人とはそうはいかないので、すぐ友達になれると思ってきた人は、ショックを受けることもある。留学できるのはすばらしいが、こういう点に注意してあげる必要がある。

アイミー：日本に留学してくるなら、最初は学生寮に入るのがよいと思う。日本の学生は、アルバイトをしたりクラブ活動をしたりしていて、友達とただおしゃべりをすることは少ない。私たちにとって、学生は一緒にコーヒーショップへ行って、おしゃべりしたり、お互いの家やアパートを訪ねあうのが普通だが、日本人はそういうことがない。だから最初の

1〜2年は、学生寮に入るのがよいと思う。そうでないとさびしいかもしれない。

Part II

英語リスニング
実践訓練

イニシャル・リスニングテスト
雄太の受けた選抜試験を受けてみよう

ブラックスワン教官の佐藤雄太の選抜試験評価：

見かけによらないと言っては何だが、なかなかよくできていた。課題1の100問聞き取りテストは、ほぼ満点であった。この分なら、この訓練にも十分ついてくるだろうと期待できる人材である。しかし、まだ、会話になるといくつか母音の聞き取りや、t, p など語末、文末で音が消える無声子音など、聞き取れていない部分がある。また、音の短縮（コントラクション）と連結（リエゾン）で、苦戦しているらしいところがあった。特に課題2の電話の会話の聞き取りでは、短縮、連結の聞き取りが十分ではなかったので、今後の訓練では、そのあたりに力を入れる必要があるだろう。

さて、雄太の挑戦した英語リスニングエージェントの選抜試験に、読者のみなさんも挑戦してみましょう。

課題1　100問　聞き取りテスト

問題 CDを聞いて下線部を埋めてください。埋めるべき単語は、一つの下線部に一つの語とは限りません。まずは単語レベルで母音や子音の聞き取りができているか、また基本的な音の短縮・連結の聞き取りができているかを確認するテストです。**CD 2**　　　　　　　　　（解答 p. 40）

1. Will you pass me the ＿＿＿＿＿＿＿?
2. Will you get me some ＿＿＿＿＿＿＿?
3. We'll do it ＿＿＿＿＿＿ next time.
4. Give me a ＿＿＿＿＿＿, please.
5. Give me a ＿＿＿＿＿＿, please.
6. That's a good ＿＿＿＿＿＿.
7. That's a good ＿＿＿＿＿＿.

8. Get me a _____.
9. Get me a _____.
10. Look at the _____!
11. Look at the _____!
12. Look, it's _____!
13. It was very _____ in the _____.
14. Susie _____ that afternoon.
15. Sam _____ that afternoon.
16. What _____ was the _____?
17. I got _____.
18. He got _____.
19. Those _____ are pretty.
20. Those _____ are pretty.
21. I had no _____.
22. I _____.
23. I _____.
24. The baby was _____ on a _____.
25. The _____ made him so _____.
26. She _____ some _____ she had never _____ before.
27. Where is the _____?
28. I need a _____.
29. The man bought a _____.
30. The man bought a _____.
31. The _____ is his.
32. The _____ is mine.
33. He was _____ enough to eat them all.
34. He was too _____ to eat them all.
35. Can I have a _____?
36. Can I have a _____?

Part II. 英語リスニング実践訓練

37. _____ is my good friend.
38. _____ is my best friend.
39. The _____ are pecking at the _____.
40. The _____ were feeding the _____.
41. The thieves were _____ and taken to _____.
42. My hand is _____ from using the _____.
43. The _____ is a _____ too strong for me.
44. The kitten bit my _____ and I _____ his head.
45. I _____ my parents' advice.
46. I _____ my parents' advice.
47. It was a _____.
48. It was a _____.
49. It was a _____.
50. Buy me some _____ on the way home.
51. I have a big _____.
52. I'd like _____.
53. You _____ some of this.
54. You _____ some of this.
55. He _____.
56. He _____.
57. You _____ dance?
58. _____.
59. _____?
60. _____?
61. He_____ hurry, _____ he is late.
62. Could you _____, please?
63. _____.
64. _____.
65. Don't _____.

66. He said he _____.
67. He said he _____.
68. He said he _____.
69. They _____.
70. They _____.
71. The _____ eaten the bones.
72. The _____ eaten the bones.
73. It's _____.
74. It's _____.
75. It's _____.
76. _____.
77. I don't see it _____.
78. He is _____.
79. He is _____.
80. He _____ before.
81. He _____ before.
82. He _____, and was caught on the spot.
83. Why don't you come over _____?
84. _____, when we get there.
85. What _____?
86. Do you know _____?
87. What _____?
88. Looks like _____.
89. Is there _____ here?
90. You'll find _____ the corner.
91. He's _____ his mind!
92. The beauty of this is _____.
93. It's my great _____ tonight.
94. I'm afraid it's time for us _____.
95. I've given you _____.

96. _____ before you ask a question, please.
97. Let me know if you _____.
98. No one can _____. We need to work _____.
99. We _____.
100. I hope _____ a great day.

参考 CD 3

Track 2 の音声はアメリカ英語だが、比較のため Track 3 にイギリス英語での発音も収録した。読者の参考にしてほしい。

課題2 電話の会話

問題 CD を聞いて（　）を埋めてください。一つの（　）に一つの単語とは限りません。受話器の向こうにいる話し手の発言は聞こえません。自然な会話の中の母音・子音の聞き取りのほか、特に機能語の短縮形とリエゾンの聞き取りを重点的に試験します。カジュアル、やや速めではありますが、クリアーな標準的イギリス英語です。**CD 4**　　　　（解答 p. 43）

- Hello, _____. This is Judy. How's everything?
- That's good. How's _____ doing?
- Good.
- Oh, I've been so busy. I've been _____ free time. I need a long vacation.
- Things've been so _____, and today, I had to _____ my colleague _____, because she _____ and _____ sick. I've had _____ to handle. And all _____ were waiting for my instructions, you know.
- Yeah, everybody has been uptight, my boss, my staff, my kids. And, you know, how people can _____, when you _____

_____.
- I even made _____ the other day, 'cause I missed my __ _____. I _____ because I twisted __ _____ the day before.
- I had _____ at work that day. Almost everything was ____ _____. It was _____, you know. I was ____ _____. It was _____, but I had to _____ after work to pick up _____ for my uncle.
- That's right. I was wearing my new leather shoes, too. _____ __ were _____. Actually, they didn't _____ quite right. So, I was going to the shoe store to have them fixed on the way. And, there was a big _____! I was very careful walking around on the edge of the _____, but I lost my balance.
- Yeah, 't was almost like I was _____ the muddy water. I _____ the hospital. But thank goodness, I didn't break my leg or anything, and was back to work in a couple of days.
- I know. And you know, _____ was the fact that my latest project turned out to be a great success, and my boss gave me a paid vacation for 2 weeks.
- Yeah, he was really nice. So we rented _____ up in ____ _____.
- It's _____, and the place is really _____.
- Yeah, that's why I'm calling you. We'll be _____ next weekend, and we want you and John to come and join us.
- Of course, you must bring your kids, too. Do you think you can make it?
- Great!
- Yeah, we can have _____, if _____ is ____ _____.

Part II. 英語リスニング実践訓練

- And don't forget to bring your _____. We can _____.

- See you then. Bye!

　以上が雄太が受けた選抜試験です。読者の皆さんの手応えはどうでしたでしょうか。それでは、あなたも雄太と一緒に英語リスニング・エージェントの養成訓練に取り組みましょう。

[解答]
課題1：100問　聞き取りテスト
1. Will you pass me the <u>butter</u>?
2. Will you get me some <u>batter</u>?
3. We'll do it <u>better</u> next time.
4. Give me a <u>map</u>, please.
5. Give me a <u>mop</u>, please.
6. That's a good <u>shop</u>.
7. That's a good <u>shot</u>.
8. Get me a <u>cup</u>.
9. Get me a <u>cop</u>.
10. Look at the <u>hut</u>!
11. Look at the <u>hat</u>!
12. Look, it's <u>hot</u>!
13. It was very <u>hot</u> in the <u>hut</u>.
14. Susie <u>had a caller</u> that afternoon.
15. Sam <u>had to call her</u> that afternoon.
16. What <u>color</u> was the <u>curler</u>?
17. I got <u>robbed</u>.
18. He got <u>rubbed</u>.
19. Those <u>puppies</u> are pretty.
20. Those <u>poppies</u> are pretty.

21. I had no luck.
22. I looked him up.
23. I locked him up.
24. The baby was sucking on a sock.
25. The mud made him so mad.
26. She sang some songs she had never sung before.
27. Where is the ball?
28. I need a bowl.
29. The man bought a rowboat.
30. The man bought a robot.
31. The sheep is his.
32. The ship is mine.
33. He was fool enough to eat them all.
34. He was too full to eat them all.
35. Can I have a pen?
36. Can I have a pin?
37. John is my good friend.
38. Joan is my best friend.
39. The birds are pecking at the buds.
40. The girls were feeding the gulls.
41. The thieves were caught and taken to court.
42. My hand is sore from using the saw.
43. The beat is a bit too strong for me.
44. The kitten bit my feet and I hit his head.
45. I sought my parents' advice.
46. I thought of my parents' advice.
47. It was a long road.
48. It was a wrong road.
49. It was a heavy load.
50. Buy me some broccoli on the way home.

51. I have a big family.
52. I'd like an orange.
53. You can eat some of this.
54. You can heat some of this.
55. He can afford it.
56. He came forward.
57. You want to dance?
58. Let me in.
59. When did you get it?
60. How is it going?
61. He has got to hurry, because he is late.
62. Could you speed it up, please?
63. Give it a try.
64. One at a time.
65. Don't jump to conclusions.
66. He said he can do it.（通常のイントネーション）
67. He said he can do it.（canを強調したイントネーション）
68. He said he can't do it.
69. They can eat the bones.
70. They can't eat the bones.
71. The dogs had eaten the bones.
72. The dogs have eaten the bones.
73. It's avoidable.
74. It's unavoidable.
75. It's inevitable.
76. It's too late to go.
77. I don't see it that way.
78. He is employed now.
79. He is unemployed now.
80. He has done it before.

81. He <u>hasn't done it</u> before.
82. He <u>hit her</u>, and was caught on the spot.
83. Why don't you come over <u>for a cup of tea</u>?
84. <u>We'll rent a car</u>, when we get there.
85. What <u>do you think of it</u>?
86. Do you know <u>why he's done it</u>?
87. What <u>are you looking for</u>?
88. Looks like <u>I've lost my keys</u>.
89. Is there <u>a Do-it-yourself store around</u> here?
90. You'll find <u>one around</u> the corner.
91. He's <u>got to be out of</u> his mind!
92. The beauty of this is <u>that nobody'll notice it</u>.
93. It's my great <u>pleasure to join you</u> tonight.
94. I'm afraid it's time for us <u>to wrap it up</u>.
95. I've given you <u>an overview of our project</u>.
96. <u>State your name and affiliation</u> before you ask a question, please.
97. Let me know if you <u>need any help</u>.
98. No one can <u>do it alone</u>. We need to work <u>together to get it done</u>.
99. We <u>appreciate your attention</u>.
100. I hope <u>you'll all have</u> a great day.

課題2: 電話の会話

・Hello, <u>Joan</u>. This is Judy. How's everything?
・That's good. How's <u>John</u> doing?
・Good.
・Oh, I've been so busy. I've been <u>robbed of all my</u> free time. I need a long vacation.
・Things've been so <u>hectic lately</u>, and today, I had to <u>fill in</u> for my colleague at work, because she <u>caught a cold</u> and <u>called in sick</u>. I've had <u>so much stuff</u> to handle. And all <u>my staff members</u> were waiting for my

instructions, you know.
- Yeah, everybody has been uptight, my boss, my staff, my kids. And, you know, how people can rub it in, when you least need it.
- I even made my aunt mad the other day, 'cause I missed my uncle's birthday party. I couldn't help it because I twisted my ankle the day before.
- I had a long day at work that day. Almost everything was going wrong. It was one of those days, you know. I was worn out. It was such a hot day, but I had to walk to the mall after work to pick up a hat for my uncle.
- That's right. I was wearing my new leather shoes, too. The soles were slippery. Actually, they didn't fit my feet quite right. So, I was going to the shoe store to have them fixed on the way. And there was a big pool of mud! I was very careful walking around on the edge of the pool, but I lost my balance.
- Yeah, 't was almost like I was pulled into the muddy water. I ended up in the hospital. But thank goodness, I didn't break my leg or anything, and was back to work in a couple of days.
- I know. And you know, luckier still was the fact that my latest project turned out to be a great success, and my boss gave me a paid vacation for 2 weeks.
- Yeah, he was really nice. So we rented a log house up in the Yellowstone National Park.
- It's a fancy little hut, and the place is really cool.
- Yeah, that's why I'm calling you. We'll be throwing a party there next weekend, and we want you and John to come and join us.
- Of course, you must bring your kids, too. Do you think you can make it?
- Great!
- Yeah, we can have a picnic outside, if the weather is friendly.

- And don't forget to bring your <u>mountain bikes</u>. We can <u>go on rides</u>.
- See you then. Bye!

和訳

- もしもし、ジョーン。ジュディよ。どう？
- よかったわ。ジョンはどうしてる？
- よかった。
- うーん、このところ、すごく忙しかったの。自分の時間はまったくなくて、ゆっくりとした休みが必要だわ。
- ずっと忙しかったんだけど、今日なんか、同僚の穴埋めもしなくちゃならなくて。風邪ひいたんで休むって電話してきたんですもの。本当にやることがたくさんあるのに、みんなが、私の指示を待っているんですもの。わかるでしょう。
- そうなのよ。みんな、ぴりぴりしていて、上司も、部下も、子どもたちまで。それに、わかるでしょ、だいたい忙しいときに限って、みんな神経を逆なでしてくれるようなことをするのよねえ。
- この間なんか、おばさんまで怒らしちゃったの。おじさんの誕生日すっぽかすはめになっちゃって。でも、しょうがなかったのよ、前の日に足首をひねっちゃったんですもの。
- その日は仕事で遅くなったの。ほとんど何もかもうまくいかなくて。そういう日ってあるでしょう。すっかり、くたくたで。それにすごく暑い日だったの。でも、ショッピング・センターまで歩かなくちゃならなかったのよ。仕事の後でね、おじさんの帽子を取りに。
- そうなのよ。おまけに新しい革靴はいてたの。底がつるつるした靴で、しかも、ぴったり足に合ってなかったのよ。途中で靴屋に寄って直してもらいに行くところだったんだけど、大きな泥の水たまりがあって、注意して水たまりの端を歩いていたんだけど、バランスを崩しちゃった。
- そうなの。まるで泥水の中に引きずり込まれちゃったみたいだったわ。それで病院行きよ。でも幸いなことに、足を折ったりはしなかったんで、数日で仕事に戻れたの。

- そうなのよ。それにねえ、もっとラッキーだったのは、この間のプロジェクトがすごくうまくいって、上司が２週間の有給休暇をくれたの。
- そうなの。ほんとによくしてくれたわ。それで、イエロー・ストーン国立公園内にすてきなログキャビンを借りたの。とってもおしゃれで、本当にすてきなところよ。
- そうなのよ。だから電話したの。来週末にパーティを開くから、ジョンと一緒にいらして！
- もちろん、子どもたちも一緒に。どう、こられる？
- よかった！！
- ええ、外でピクニックしましょう。お天気がよければね。
- マウンテン・バイクも忘れないで持ってきて。みんなでサイクリングしましょう。
- じゃ、そのときにね。さようなら。

Lesson 1
スピードのある英語を聞き取る

　今日はいよいよ雄太にとって、英語リスニング・エージェント訓練の初日である。周囲の受験者が皆、かなりできそうなつわものぞろいに見えた選抜試験で自分が合格したことを思い出すと、気分がよくなって自然と顔がゆるむ。最高難度の聞き取りトライアルでは、当初ガツンと頭を殴られたような感じでちょっと気がくじけそうにもなったが、それは目標地点と考えればよい、これからの訓練の指針だと諭されて勇気を得た。今日は天気も快晴である。雄太は、幸先がよい気がして、「訓練が厳しければそれだけやりがいもある」と、張り切って出かけて行った。

教官：今日のレッスンのポイントは、スピードと聞き取り理解の関係です。どの言語でも、話し方のスピードが速くなれば、ネイティブでも聞きづらくなるということがありますから、ノン・ネイティブのリスナーにとって、早口の英語は聞き取りがむずかしいということが少なくないのは確かです。しかし、ゆっくりであれば理解しやすいかというと必ずしもそういうものでもありません。

雄太：えっ、それは先生どういうことですか。ゆっくり話してくれれば、知らない単語でも出てこない限り、わかりやすいんじゃないですか。

教官：それはそうですが、そう単純な話でもありませんので、今日は、そのあたりの理解を進めながら訓練に取り組んでいただきます。では、始めましょう。

講義　スピードと聞き取り

　英語の発話のスピードが速くなると聞き取りがむずかしくなる理由としては、以下の二つをあげることができる。

スピードと聞き取りにかかわる 2 要素

❶ 音の短縮（コントラクション）と連結（リエゾン）

　発話がスピードアップするとともに、音のコントラクションやリエゾンが頻繁に発生し、個々の音や単語が識別しづらくなり、したがって意味の理解が追いつかない。

❷ 情報の取り込み

　発話のスピードアップにより、情報の取り込みが遅れてしまい、理解が追いつかない。スピードアップしても、短い文や数個の文の連続であれば意味を追うことができるが、複雑な長い文が続き、発話も長くなると、音は聞き取れるのだが、情報の取り込みが追いつかず、全体として発話の理解が成立しない。

　スピードがある発話については、単純に速いから聞き取れないので理解できないと思われがちであるが、上の二つの点について、明確な理解を持って取り組む必要がある。まずは、スピードの異なるオバマ大統領のスピーチのリスニング・ドリルを通して、それぞれのスピーチの聞き取りのむずかしさの原因を探っていくこととする。

ドリル1　オバマ大統領のカイロ演説

（1 分間に 125 ワード。難度 1）

　オバマ大統領は、2009 年 6 月 4 日、カイロ大学で、後に「カイロ演説」と呼ばれるようになった有名な演説を行った。2001 年 9 月 11 日、イスラム教徒が複数のアメリカの航空機を乗っ取り、その航空機ごとニューヨークの世界貿易センター・ビルやワシントンの国防総省の建物へ突っ込むなど、およそ 3000 人の犠牲者と 6000 人以上の負傷者を出した前代未聞のアメリカ同時多発テロ事件、いわゆる 911 事件と、それに続いたアフガニスタン戦争以来冷え込んでいたイスラム世界との和解を呼びかけた演説である。カイロ大学の学生を前にしての演説であったが、イスラム世界全体を、

また世界中の人々をも意識してのスピーチであったはずである。

問題 CDを聞いて、以下の記述が大統領の発言内容として正しいかどうか、○か×で答えましょう。 **CD 5** （解答：次ページ）

1. 私はカイロにエジプトの人々と和解をするためにやってきた。（ ）
2. 私はカイロにアメリカと世界中のイスラム教徒との交流促進のためにやってきた。（ ）
3. 私はアメリカとイスラム教徒との新たな始まりを求めてカイロに来た。（ ）
4. アメリカとイスラムは、相いれない存在ではないが、競合している。（ ）
5. アメリカとイスラムは、共通点を持ち、正義と進歩、寛容と人間の尊厳という共通の原則を共有している。（ ）
6. 私のこの演説については、ほとんど事前の報道はなかった。（ ）
7. ただ1回の演説で長年の不信を払しょくすることはできない。（ ）
8. 今日の演説では、アメリカとイスラム世界の関係が今のような状況になってしまったすべての原因について触れていきたい。（ ）
9. 私は、前進するためには、互いに心に思っていることをはっきりとオープンに語り合わなければならないと思う。（ ）
10. 私たちは、互いに相手の言い分に耳を傾け、学び合い、尊敬し合い、共通の土俵を見出す努力をしてきた。（ ）
11. コーランは「常に神を意識し、真実を語れ」と教えている。（ ）
12. 今日、私は、できるだけ真実を語りたいと思う。（ ）
13. 私たちが人間として共有する利益は、私たちを分断しようとする勢力よりもずっと強力であると固く信じている。（ ）

Part II. 英語リスニング実践訓練

[解答]

1	2	3	4	5	6	7	8	9	10	11	12	13
×	×	〇	×	〇	×	〇	×	〇	×	〇	〇	〇

[原文]

① I've come here to Cairo / to seek a new beginning / between the United States and Muslims around the world, / ② one based on mutual interest and mutual respect, / ③ and one based upon the truth / that America and Islam are not exclusive / and need not be in competition. / ④ Instead, / they overlap, / and share common principles / — principles of justice and progress; / tolerance and the dignity of all human beings. /

⑤ I do so / recognizing that change cannot happen overnight. / ⑥ I know there's been a lot of publicity about this speech, / but no single speech can eradicate years of mistrust, / nor can I answer in the time that I have this afternoon / all the complex questions / that brought us to this point. / ⑦ But I am convinced / that in order to move forward, / we must say openly to each other the things we hold in our hearts / and that too often are said only behind closed doors. / ⑧ There must be a sustained effort / to listen to each other; / to learn from each other; / to respect one another; / and to seek common ground. / ⑨ As the Holy Koran tells us, / "Be conscious of God and speak always the truth." / (Applause.) ⑩ That is what I will try to do today / — ⑪ to speak the truth as best I can, / ⑫ humbled by the task before us, / ⑬ and firm in my belief / that the interests we share as human beings / are far more powerful / than the forces that drive us apart. /

[和訳]

① 私は、ここカイロに、アメリカと世界のイスラム教徒との新たな始まりを求めてやって来ました。② 相互の利益と相互尊重(の精神)に基づき、③ アメリカとイスラムは相互に排他的ではなく、競合する必要もないとい

う真実に基づいた新たな始まりです。④ そうではなく、両者は互いに共通点を持ち、共通の原理原則を共有しています——正義と進歩；寛容とすべての人間の尊厳（は尊重されるべきである）という原則です。

⑤ しかし（新たな始まりを求めますが）変化は一晩では起こりえないことも認識しています。⑥ この演説については、かなり注目されてきたということを認識していますが、たった一つの演説で長年の不信を払しょくすることはできませんし、今日ここで私に与えられた時間の中で、われわれを今のような状況に至らしめた複雑な問題すべてに私が答えを出すことはできません。⑦ しかし、これから前進するためには、オープンに相互の思いを話し合わなければならない、裏でしか語られなかったことも語り合わねばならないと確信しています。⑧ 継続的に互いの声に耳を傾ける努力がなされなければなりません。互いに学び合い、互いに相手を尊重し、歩み寄らなければなりません。⑨ コーランは教えています。「神を意識し、常に真実を語れ」と。⑩ 私は今日そうしたいと思っています。⑪ 私ができる最善の方法で真実を語り、⑫ 私たちが取り組むべき課題のむずかしさを謙虚に受け止めます。⑬ そして、人間として私たちが共有するものは、私たちを分断しようとする力よりもはるかに強力であるとの強い信念を持っています。

このスピーチの特徴

❶ スピードは非常にゆっくりで、難度は1である。

オバマ大統領が、ぜひともイスラム世界の人々に伝えたかった大切なメッセージが込められた演説のほぼ冒頭部分である。英語のノン・ネイティブが聞き手であることを意識してか、演説のスピードは、毎分125ワード程度という非常にゆっくりとしたスピーチであった。一言ひとことがはっきりと発音され、音のコントラクションやリエゾンはほとんど皆無である。したがって、聞き取れない単語はないといえるほどの明瞭なスピーチである。

❷ 一般人の日常用語の範疇にない用語が多い。

フォーマルな格調高いスピーチである。非常にむずかしい単語は使

われていないが、mutual interest や mutual respect, tolerance, the dignity of all human beings など、一般人の日常用語の範疇には入らない語句が並ぶ。音として聞き取れても、頭の中ですぐには理解が成立しないという可能性が高い語句が頻出する。

❸ 長文が多く、句の羅列が多い。

簡単に理解できるのは、文⑤と⑨くらいである。他の文は、すべて「りんご、みかん、すいか」型の並列句の羅列があり、文の末尾まで少なくとも三個の句が並ぶ。しかも羅列は単純な単語の羅列ではなく、句②や文⑧、⑩～⑬に見るように、句の羅列である。このような文体は、ノン・ネイティブにとっては速やかに理解を成立させることは容易ではない。しかも、羅列の最後の句は、特に複雑で長い句が多いので、聞きながら理解する上で、かなりの努力が強いられる。

❹ やや複雑な構文が多い。

not ～ nor ～ や、関係代名詞でつながれた複雑な構文も多く、しかも⑥、⑦、⑩～⑬に見るように、関係代名詞句の中にさらに関係代名詞句が入っているというような複雑さである。

以上は、いずれもフォーマルで格調高い文章の特徴である。このようなスピーチの場合、スピードがスローであれば、音として単語はほぼすべて聞き取れるが、全体の意味を追うことができないという場合が少なくない。それは、複雑な長文を句ごとに区切り、一つ一つの句を聞いた段階で速やかに理解するということができていないからである。スピーチを聞きながら、耳にした句ごとに頭の中で「順送りの理解」ができていないのである。

｜聞き取りのコツ｜ リスニングの基本は「順送りの理解」にあり！

「順送りの理解」とは、文の最後まで聞いてから、その文の意味を取るのではなく、文頭から、出てきた順に句の意味をつかんでいくことである。例えば、以下の文であるが、文の最後まで聞いてから全体の意味を理解しようとするのではなく、スラッシュを入れた部分の意味を文頭からつかんでいくのである。

I've come here to Cairo / to seek a new beginning / between the United States and Muslims around the world, / one based on mutual interest and mutual respect, / and one based upon the truth / that America and Islam are not exclusive / and need not be in competition. /

　　私はカイロに来た / 新しい始まりを求めて / アメリカと世界のイスラム教徒たちの間の / 相互の利益と互いへの敬意に基づき / 真実に基づいた / アメリカとイスラムは排他的ではなく / 競合する必要もない。

　以上が、文頭からつかんだ各句の意味だが、このとき大事なのが、文中の二つの one が、a new beginning を指すこと、文末の that 以下の二つの句が、the truth の説明であることを同時にきちんとつかむことである。それができていれば、文頭から順送りで各句の意味を理解しながら、以下のように、全体の意味をつかむことができる。

　　私はカイロに来た。/ 新しい始まりを求めて。/ アメリカと世界のイスラム教徒たちとの新たな始まりだ。/ その始まりは、相互の利益と互いへの敬意に基づき、/ 真実に基づいたものだ。/ その真実とはアメリカとイスラムが排他的ではなく、/ 競合する必要もないという真実だ。

　こうした順送りの理解ができていない場合、つまり、従来の英語学習者によく見られたように、文の最後まで聞かないと意味をつかめないという場合、スピーチのスピードが速くなると、どんどん理解が追いつかなくなるのだ。
　順送りの理解には、スラッシュ・リスニングという訓練方法がある。スラッシュ・リーディング、すなわち、文章を文末まで読んでから理解を成立させるのではなく、文中の句ごとにスラッシュを入れ、文頭から読みながら、各句を出てきた順に理解し訳出してゆくという訓練方法のリスニング・ヴァージョンである。
　リスニングではスラッシュを入れることはできないが、以下のようなやり方で、簡単にできる。まず、本書の CD を聞いて句ごとに一時停止し、

頭の中でその意味を考える。意味の理解が成立したら、次の句を聞いて、また止めて理解する。理解の成立を確認するため、通訳のように声に出して訳出してもよい。完璧な通訳をする必要はなく、意味の確認ができればよい。この練習を繰り返し、だんだんと止めて考える時間を短縮してゆく。最終的には、止めずに最後まで聞きながらそれぞれの句の意味と文全体、そしてスピーチ全体の意味を理解することができるようになるというのが、目標である。

ドリル2　オバマ大統領のカイロ演説　CD 5

　CDを使って、以上のような方法でスラッシュ・リスニングの練習をしてみよう。p.50に掲載した原文には、参考のためCDを一時停止する箇所をスラッシュ (/) で示した。文章全体の和訳のほか、スラッシュのところで理解すべき句の内容を示す参考和訳も掲載した。スラッシュはあくまでも参考で、ここで切らなければならないという決まりはない。それぞれに切りやすいところで区切ればよい。スラッシュ・リスニングを、数回自分で練習をした後で、モデル訳を参考にするとよい。（和訳例：次ページ）

スラッシュ・リスニングの和訳例

　私は、ここカイロにやってきた。/ 新しい始まりを求めて。/ アメリカと世界中のイスラム教徒との間の。/ その始まりは / 相互の利益と互いへの敬意に基づく。/ またアメリカとイスラムは互いに互いを排除せず、/ 競合しないという事実を基礎にするものだ。/ そうではなく / 両者には重なるところがあり、/ 同じ原則を持つ。/ 正義と進歩、寛容と人間の尊厳という原則だ。/

　私は新たな始まりを求めるが、/ 変化は一朝一夕には起こらないことを認識している。/ 私は認識している。/ この演説が、/ かなり注目されてきたことを。/ しかし、たった一つの演説で、不信を払しょくすることはできない。/ 長年の不信だ。/ また、今日与えられた時間で、/ すべての複雑な問題に答えることもできない。/ われわれの今の状況をもたらした問題にだ。/ しかし、私は確信している。/ 前進するためには、/ 互いの心の中をオープンに語り合わねばならないと。/ しばしば陰では語られてきたことをだ。/ 継続努力が必要だ。/ 互いに相手の声に耳を傾け続けること。/ 互いに学び合い、/ 互いに敬意を払うこと。/ 歩み寄ることだ。/ コーランは教えている。/「神を意識し、常に真実を語れ」と。/ 私は今日そうしたいと思う。/ 最善を尽くして真実を語る。/ 取り組むべき課題の大きさを謙虚に受け止める。/ そして強く信じている。/ 人として私たちが共有するものは、/ ずっと力づよいと。/ 私たちを分断しようとする力よりもだ。/

雄太のひとりごと

　本当だ！ 聞いているだけだとすごくゆっくりなスピーチだなあと思ったが、頭の中で日本語に訳していこうとすると、なかなかことばにできなかったなあ。それがスピーチの内容を聞き取って理解しているつもりでいて、実はきちんと理解していないということなのか。そうだよな。人の話は、だいたいわかればいいという感じで、特に英語の話になるとアバウトになるな。だから後で、まちがって理解してい

Part II. 英語リスニング実践訓練

たことがわかったりすることがあるんだな。もっとしっかりと正しく理解するには、集中力だな。それと、先生の言う「順送りの理解」だ。スラッシュ・リスニングをやってみると、わかっているつもりで、結構わかっていないことがわかるなあ。よし、この先も、がんばるぞ。

ドリル3　オバマ大統領一期目の一般教書演説（1）
（1分間に183ワード。　難度4）

オバマ大統領一期目就任直後の2009年の一般教書演説を聞いてみよう。サブプライム住宅ローン危機をきっかけに始まっていた金融危機の影響を引き継ぎながら就任し、景気回復対策が実施されていたころの一般教書演説である。トピックは、経済、雇用、教育等、多岐にわたったが、まず、景気対策について語った部分を聞いてみよう。

問題 CDを聞いて、以下の記述が大統領の発言内容として正しいかどうか、○か×で答えましょう。 **CD 6**　　　　（解答：次ページ）

1. 私は、就任後の大統領の日（2月第3月曜日）に、議会に景気回復計画を提出した。（　）
2. 私は、大きい政府がよいと信じている。（　）
3. 巨額の財政赤字を前政権から引き継いだことは十二分に承知しているが、財政出動しなければ、さらなる雇用悪化と景気悪化につながる。（　）
4. 景気対策を打たなければ、長期的赤字は減るだろうが、今は景気対策が必要だ。（　）
5. 本議会が、アメリカ回復再投資法を成立させてくれたことに感謝している。（　）

【解答】

1	2	3	4	5
×	×	○	×	○

【原文】

As soon as I took office, I asked this Congress to send me a recovery plan by President's Day that would put people back to work and put money in their pockets. Not because I believe in bigger government — I don't. Not because I'm not mindful of the massive debt we've inherited — I am. I called for action because the failure to do so would have cost more jobs and caused more hardships. In fact, a failure to act would have worsened our long-term deficit by assuring weak economic growth for years. That's why I pushed for quick action. And tonight, I am grateful that this Congress delivered, and pleased to say that the American Recovery and Reinvestment Act is now law.

【和訳】

　私は就任後直ちに、議会に対し「大統領の日」までに景気回復法案を成立させるよう求めました。雇用を回復し、国民に収入をもたらすような法案を求めたのです。それは、私が大きい政府がよいと考えているからではありません。大きい政府がよいとは思っていません。また前政権から引き継いだ巨額の債務を認識していないからでもありません。ちゃんと認識しています。議会に景気対策を求めたのは、このままではより多くの雇用の喪失につながり、事態の悪化を招くからです。実際、行動を起こさなければ長期的に財政赤字は悪化したでしょう。弱い経済成長が何年も続いてしまうからです。ですから、私は速やかに手を打つよう要請したのです。そして、今夜、議会では、その法案が成立したことを感謝しています。アメリカ景気回復再投資法は、法律として成立しました。

このスピーチの特徴

❶ スピードがある。

　スピードは、1分間に183ワード。標準的スピードの120〜150ワードに比べると、かなり速く、難度は4である。一般教書演説なので、聞き手はアメリカ議会のメンバーと一般の国民である。したがって、カイロ演説のときのように、外国人にも聞き取りやすいように、ゆっくりとわかりやすく話すという配慮は行われていない。アメリカでは「早口」は「頭脳明晰」であることの証と思われている節があるので、スピードがある話し方である。

❷ 語句の音声のコントラクションやリエゾンはほとんどない。

　これだけのスピードでありながら、個々の単語の発音は、極めて明瞭である。フォーマル・スピーチの優等生といってもよいスピーチである。したがって、スピードがあっても、発音が聞きづらいというところがない。

❸ 構文は比較的単純で文も比較的短い。

　スラッシュ・リスニングの練習をしてみると、文や構文の単純さがよくわかるだろう。句は短く、順送りの理解がしやすい長さと構造である。複雑で長い関係代名詞句はない。構文が複雑で並列が多かったカイロ演説に比べると、ずっと理解しやすい。ややむずかしいのは、failure to act（行動しないという失敗）や this Congress delivered（今議会は成果を上げてくれた）というような、英語独特のことばの使い方である。

❹ 用語もやさしい。

　recovery plan（景気回復プラン）, President's Day（「大統領の日」：2月の第3月曜日でアメリカの祝日。初代ワシントン大統領の生誕を称える日）, deficit（財政赤字）, the American Recovery and Reinvestment Act（アメリカ景気回復再投資法）などの句や単語がややむずかしいくらいで、その他の用語は、put people back to work や put money in their pockets, bigger government など、やさしすぎるくらいの用語しか使われていないので、聞き取りやすい。

同じ演説のエネルギー政策についての部分を聞いてみましょう。

ドリル4　オバマ大統領一期目の一般教書演説（2）
（1分間に169ワード。難度3）

問題 CDを聞いて、下線部を埋めましょう。 **CD 7**

（解答：次ページ）

　Thanks to ＿＿＿＿＿＿＿＿, we will ＿＿＿＿＿＿＿ this nation's supply of ＿＿＿＿＿＿＿ in the next three years. ＿＿＿＿＿＿ also made the largest investment in basic research funding in American history, an investment ＿＿＿＿＿＿＿ not only new discoveries in energy, but ＿＿＿＿＿＿ in medicine, science, and technology.

　We will soon ＿＿＿＿＿＿＿＿＿＿＿＿＿＿ that can carry ＿＿＿＿＿＿＿＿ to cities and towns across this country. And we will ＿＿＿＿＿＿＿ making our homes and buildings more efficient ＿＿＿＿＿＿ we can save billions of dollars ＿＿ ＿＿＿＿＿＿＿.

　But to truly transform our economy, to protect our security, and save our planet from ＿＿＿＿＿＿ of climate change, we need to ultimately make ＿＿＿＿＿＿＿＿ the profitable kind of energy. So I ask this Congress to send me ＿＿＿＿＿＿＿ ＿＿＿＿＿＿ on carbon pollution and ＿＿＿＿＿＿＿＿ of more renewable energy in America.

この部分のスピーチの特徴

❶ スピードがある。
　　スピードは1分間に169ワードと、標準の120～150ワードと比べると、やや早く、難度は3である。オバマ大統領は、公式の場でのスピーチ（public speech）では、スピードが上がってもほとんどリエゾンや

Part II. 英語リスニング実践訓練

コントラクションがなく、一語一語を極めて明瞭に発音することが多いが、この部分では、以下の解答に示す太字の部分2ヵ所でリエゾンとコントラクションが見られる。また、全体にたたみかけるように語っている。スピードの速さに追いつかず、聞き取りがむずかしいかもしれない。また、速やかな順送りの理解も容易ではないかもしれない。

2 やや非日常的用語が多用されている。

supply of renewable energy（再生エネルギーの供給）, basic research（基礎研究）, energy bills（エネルギーにかかわる費用、請求書）, the ravages of climate change（気候変動による荒廃）, profitable（収益性がある、儲かる）, market-based cap on carbon pollution（炭素による汚染に上限を設ける市場ベースの制度、つまり排出権取引制度）など、即座に理解するのはむずかしい用語が多く、これも速やかな順送りの理解をむずかしくする要因となっている。

3 構文がやや複雑で、句や文が長い。

①②は、長い並列句である。しかも②の中にはさらに3つの語の並列がある。並列は速やかな理解の成立にはもっとも負荷が多い構造の一つである。⑥⑦、⑧⑨⑩と続く文も、文を構成する句が長く、意味を追うのがややむずかしい構文である。

この部分は、スピード難度3に加えて、並列を含む長文が続き、聞きなれない用語の多発で、順送りの理解がむずかしい箇所である。用語をリストアップして予習し、十分自分の知識とした上で、再度聞き取りに挑戦してみよう。スラッシュ・リスニングを繰り返し、速やかな順送りの理解の練習をするとよい。

|解答| ドリル4

Thanks to our recovery plan, we will double this nation's supply of renewable energy in the next three years. **We've** also made ① the largest investment in basic research funding in American history — ② an investment that will spur not only new discoveries in energy, but breakthroughs in medicine, science, and technology.

　We will soon lay down thousands of miles of power lines that can carry new energy to cities and towns across this country. ③ And we will put Americans to work ④ making our homes and buildings more efficient ⑤ **so that** we can save billions of dollars on our energy bills.

　⑥ But to truly transform our economy, to protect our security, and save our planet from the ravages of climate change, ⑦ we need to ultimately make clean, renewable energy the profitable kind of energy. ⑧ So I ask this Congress to send me legislation ⑨ that places a market-based cap on carbon pollution ⑩ and drives the production of more renewable energy in America.

[和訳]

　われわれの景気回復計画（景気対策）のおかげで、向こう3年間で、わが国の再生可能エネルギーの供給を2倍に増やすことになります。また、アメリカ市場最大の基礎研究への投資を行うことができました。この投資は新たなエネルギーの発見につながるだけでなく、医療や科学技術の分野で画期的な進歩が期待できるでしょう。

　われわれは、間もなく数千マイルに及ぶ電線を敷設し、新たなエネルギーを全国諸都市へ届けます。そして、アメリカ国民の働きで、家庭やビルの省エネを進め、エネルギーコストの大幅低減を実現します。

　しかし、アメリカ経済を本当に改造し、我が国の安全を守り、私たちの地球を温暖化による荒廃から救うためには、究極的にはクリーンで再生可能なエネルギー（の生産）を、収益性あるものにしていかなければなりません。ですから、私は議会に要請します。炭素による汚染に市場において上限を設けられるような法案を私のところに送ってきてください（法案を成立させてください）。アメリカにおける再生可能エネルギーの増産を推進できる法案です。

＊

　以上見てきたように、発話のスピードは一般に速ければ速いほど、ノン・

ネイティブには聞き取り難度が増すが、必ずしもそれだけが聴解の妨げになるということではない。スピードそのものよりはむしろ、文の構造や、使われている用語、発話の内容について聞き手がどの程度知識と理解を持っているかが、大きな要因になる。
　リエゾンやコントラクションは、公の場でのスピーチ（public speaking）では少ないということもわかった。それはリエゾンやコントラクション は、聞き手に「くずれたスピーチ」であるという印象を与えるので、公のスピーチにはふさわしくない話し方だと認識されるからである。

雄太のひとりごと

　あんなにゆっくりだと思ったオバマ大統領のカイロ演説で、意味が追えなくなってしまったなんて、われながらショックだった。音のレベルではとても聞きやすかったし、聞き取れない単語はほとんどないくらいだったが、途中で集中力が途切れてしまった。しかし、今回はスピードと理解の関係が単純でないことがよくわかった。まさに目からうろこだった。それに順送りの理解の重要性について、改めて思い知った感じだった。順送りの理解については、何年か前に受けたリスニング・クリニックの訓練でもさんざん指摘されたことなのに、すっかり忘れていたな。今回またスラッシュ・リスニングの訓練をしてみて、順送りの理解力が向上したように思えるのがうれしい。やはり集中力の問題だな。
　一般教書は、逆に最初ちょっとスピード負けしてしまったな。内容の濃い話でスピードが上がっても、それをしっかり聞き取って理解するには、やっぱり順送りの理解がカギだ。基本に返ることが何よりも重要なんだな。これからも、手を抜かずに、スラッシュ・リスニングも、もっともっと練習しなくっちゃ。

ブラックスワン教官の評価

　「カイロ演説」では、スピードがゆっくりであったため、最初は甘く見ていた様子。スピーチを聞いた後のテストで、思いのほか出来が悪かったことに本人自身驚いた様子だったが、繰り返しスラッシュ・リスニング訓練を実施した結果、順送りの理解のコツを再確認できた様子だった。

　スピードがアップするにつれて、スピードに負けているところも見られたが、気を取り直して集中力を発揮した。スラッシュ・リスニングにも熱心に取り組み、聞き取り理解の点で好ましい改善を見た。「英語リスニング・エージェント」として、鍛え上げればなんとかものになりそうな人物で、この先もなかなか期待できそうである。

　ただし、時々ぼーっとしていることがあり、ときにはビシッとしめる必要もありそうだ。どこか抜けているところが採用の決め手の一つだったというから、それでよいのだろうが、やや人がよすぎるきらいがある。気を抜くと、ただのでくのぼうになってしまうかもしれないので、指導には注意を要する。

学習のアドバイス　スピードに慣れるためのヒント

　幸いなことに、最近はYouTubeなどで、ふんだんに音声教材が手に入る。アメリカ大統領のような公人のスピーチであれば、音声とともに原稿も手に入るサイトがある。それを利用して原稿を入手し、ワープロソフトにはりつければ、語数をいちいち数えなくてもワープロソフトが語数を教えてくれる。録画音声には分数も記されているので、その二つからスピーチの特定部分のスピードを計算することができる。これを利用して、1分間に120ワード程度から200ワード以上まで、徐々にスピードの速いものに挑戦しながら練習を積むとよいだろう。

　聞き取り理解力の向上には、スピードだけでなく、スピーチの内容に関する知識と、順送りの情報の取り込みが速やかにできることが重

要である。順送りの情報の取り込みの訓練には、スラッシュ・リスニングの練習を繰り返し実施するとよい。ウェブの音声素材を使えば、これも自分で容易にできる。少しずつ音を聞きながら、音を止めて、声に出して訳出をしてみよう。それにしても、まことに便利な世の中になったものである。

アメリカ標準英語に見る Contraction & Liaison ― 主な特徴 CD 8

1. 単語に見る contraction ― 強勢（stress）のない音節の母音はごく短くなるか落ちる。

   例
   ① famli（family）　m と l の間の母音は発音しない。
   ② chaklit（chocolate）　k と l の間の母音は発音しない。
   ③ prabli（probably）　babli は bli と b と b の間の母音は発音しない。
   ④ Cathlic（Catholic）　th と l の間の母音は発音しない。
   ⑤ difrnt（different）　f と r、r と n の間の母音は落ちる。
   ⑥ 'priciate（appreciate）　語頭の [a] は、ごく弱く、ほとんど落ちる。
   ⑦ 'T's beautiful.（It is beautiful.）　語頭の [i] は、ごく弱く、ほとんど落ちる。

2. 機能語の母音は、しばしば短縮あるいは落ちて隣の音と連結する。弱い子音 [h] は落ちることがある。

   例
   ① I'vbin there before.（I have been there before.）　[v] が落ちて、I'bin となることもある。
   ② Hilavtə ask for it.（He will have to ask for it.）　文頭の [h] が落ちることも多い。
   ③ Iwdəv come here.（I would have come here.）

④ Wili go?（Will he go?）

⑤ Hikuda viitn lunch already.（He could have eaten lunch already.）

3. 文頭の it はしばしば [i] が落ちて、次に来る単語と連結、短縮する。
   例
   ① 'Tsa beautiful day.（It is a beautiful day.）
   ② 'Tsan topavit.（It is on top of it.）
   ③ 'Tsbi nyears since we camere last time.（It has been years since we came here last time.）
   ④ 'Twz the night before Christmas.（It was the night before Christmas.）
   ⑤ （'T) luk slike he'sbii nir.（It looks like he has been here.）

4. 強勢（stress）の置かれない短い単語は、しばしば隣同士連結し、母音が短縮される。
   例
   ① super salad（soup or salad）　soup と or の連結短縮
   ② I thin kits th best.（I think it's the best.）
   ③ The kidzer stilla sleep.（The kids are still asleep.）
   ④ allavem（all of them）
   ⑤ samavem（some of them）

Part II. 英語リスニング実践訓練

Lesson 2
「なまり」のある英語を聞き取る

　　　　今日は、さまざまな「なまり」のある英語の聞き取り訓練を実施することになっており、雄太はやや心配だ。雄太がもっとも苦手とするのが、「なまり」のある英語なのだ。できればアメリカ人やイギリス人の英語だけ聞いていればよいという環境で仕事をしたいが、そうもいかなそうだ。しかし、これまでもインド英語やオーストラリア英語でさんざん苦労したことがある。雄太は、なんとかどんな英語も聞き取れるようになりたいという思いで訓練に臨んだ。

教官： では、今日は「なまり」のある英語のリスニングに挑戦します。今や、英語は国際コミュニケーション言語として、さまざまな言語を母語とする人々によって使われています。いろいろな「なまり」のある英語がどこでも使われているということであり、最近はたいていの国際会議でも、いわゆる標準英語を話す人々のほうが少数派です。したがって、どのような「なまり」のある英語も、しばらく聞けばその人の「なまり」の特徴がつかめるようになるといいですね。

雄太： でも先生、それは理想であって、そう簡単にはいかないんじゃありませんか。

教官： もちろんそうです。しかし、「なまり」には、個人的な癖もありますが、英語母語話者であれば、アメリカ英語、イギリス英語、オーストラリア英語等、それぞれの発音に一定のパターンがありますから、そのパターンがわかれば聞き取りやすくなるのです。

雄太： でも、ノン・ネイティブの英語は、千差万別ですよね。少し聞いたら特徴がわかるなんてわけにはいかないんじゃありませんか。

教官： 非英語圏の話者の場合も、やはり「なまり」には一定のパターンがあります。日本人の英語には、日本人特有の特徴があるでしょう。ノン・ネイティブの英語話者の「なまり」は、その人の母語によっ

て決まりますから、それぞれの母語の影響を受けた英語の「なまり」のパターンが特定できれば、各国の「なまり」も比較的容易に聞き取れるようになるのです。

雄太：本当かな？？　そりゃ、あまりにもべらぼうな話じゃないか。世界には何百って言語があるんだぜ。

教官：佐藤さん、ぶつぶつ言ってないで。では、始めますよ。

■講義■　「なまり」の特徴を決める3要素

英語の「なまり」の特徴を決めるのは、主に以下の3つの要素である。

---

❶　母音の発音
❷　語や句の音のコントラクションとリエゾン
❸　イントネーション（文全体の抑揚）

つまり、端的に言えば、1、2、3の癖を速やかに認識できれば、どの国の人の英語も理解できるようになるということである。

❶　母音の発音と「なまり」

「なまり」のある英語というと、よく引き合いに出されるのがオーストラリア英語である。Today が to die に聞こえるというように、イギリス英語やアメリカ英語とはいくつかの母音の発音が違うことから、しばしば聞き取りにくい「なまり」がある英語として認識される。つまり、「なまり」の特徴を決める要素の一つが、母音の発音である。

英語には、イギリス英語、アメリカ英語、オーストラリア英語、ニュージーランド英語等いろいろあるが、どの国の英語にも、母音が15 はある。しかし、ほとんどの母音は、各国の英語にほぼ共通で、違うのは15のうちのいくつかである。例えば caught は、アメリカ標準英語なら [kɑt]、イギリス英語なら [kɔt] と発音されるというような違いである。

① 「なまり」はなぜ聞き取りにくいのか。

　一言でいえば、聞き慣れていないからであるが、特に日本人にとって、さまざまな「なまり」のある英語の聞き取りに苦労するのは、少なくとも15ある英語の母音を、「アイウエオ」という5つの母語の母音と比較して、聞きわけようとしているからである。これが、インド英語、シンガポール英語、タイ英語などなど世界中のノン・ネイティブの英語の聞き取りとなると、当然、さらにむずかしいということになる。

② 母音聞き取りのコツは基準の設定にあり！

　英語の15の母音を正確に聞きわけようというとき、たった5つしかない日本語の母音を基準としていては混乱を招くのは当然である。イギリス英語でもアメリカ英語でもよいので、どれかワンセットの15の母音の発音をしっかり把握し、それを基準として実際の母音の発音を聞かなければ、聞き取りはむずかしい。何事も基準があれば、その基準から乖離したものも認識しやすくなるので、15の基準母音が明確に体得できれば、どの国の英語でも、またノン・ネイティブの英語でも聞き取りやすくなる。

　参考のために、p.92にアメリカ英語とイギリス英語の母音15とそれぞれの発音を記した。日本語の5つの母音との比較も簡単に記した。日本語と英米英語の母音がほぼ同じなのは「イ」[i]と「エ」[ɛ]で、「オ」は[ɔ]に近いが、微妙に音が違う。「ア」に関しては、[ə][a][æ]がどれもそれらしい音でありながら同じではない。「ウ」もbootの[u:]ほど唇が突き出て丸まることはなく、[u:]よりも下あごがやや低く下がった[ɔ]に近い位置で発音されるbookの[ʊ]とも違う。こうした日本語の母音との違いも認識しつつ、どちらか一方の母音体系を確認しておくとよいだろう。ちなみに、イギリス英語の母音の発音に関しては、BBCの以下のサイトが、音と口の動きを女性の肉声と映像で解説していて、大変役に立つ。(2011年4月現在)

　URL: http://www.bbc.co.uk/worldservice/learningenglish/grammar/pron/

　アメリカ英語の単語の発音は、最近では電子辞書の音声でも確認できる。

ちなみに、子音の発音は、どの母語英語でも変わらない。

2 語や句の音の短縮（コントラクション）と連結（リエゾン）

　もう一つ英語の「なまり」に影響する要素として、短縮や音の連結という現象がある。強勢（ストレス）のない音節の母音が弱音化したり、落ちたりして、語や句が短縮され、隣接する音が連結するという現象である。子音も弱音化したり落ちたりすることがある。would have been が [wdabin] になるというような現象だ。特にカジュアルなスピードのある会話で多い。短縮・連結が著しい場合、独特の「なまり」のある英語になることもある。

　日本語は、通常母音（V-vowel）もしくは子音と母音（C-consonant＋V）で１音節をなし、「子音母音子音母音（CVCV...）」と続き、どの音節もほぼ同じ長さと強さで発音されるという音節の構造上、英語のような短縮や音の連結は、起きにくい。そのため日本語母語話者には、英語の短縮、連結が増えると聞き取りがむずかしくなるのである。

3 イントネーション（文全体の抑揚）

① イントネーションとは

　英語の「なまり」に通じる３つ目の要素であるイントネーションについて、考察してみよう。イントネーションとは、語や句の短縮や連結、音節の強勢（強弱）、ピッチ（音の高さ）の高低によって決まる文全体の抑揚のことである。

② 母語話者のイントネーション

　母語話者のイントネーションは、どこの英語でも、ほとんど違いはない。その理由は以下の二つがある。

　第１には、語のストレスを受ける音節が、どの母語英語でも変わらないからである。

　例えば、intonation という語は、最後から二つ目の音節 -na- に強勢があるが、これはどの母語英語でも同じである。

　第２には、句や文で強いストレスを受け、もっとも高いピッチで発音されるのは、まずは新しい情報を伝える名詞であり、その次に動詞、次に形

容詞と副詞、そして機能語(前置詞、助詞、接続詞など、それだけでは内容的意味を持たない語)であるというルールは、どの母語英語でも不変であるからである。

例えば、Mary loves John. という文は、Mary と John に強勢があり、3つの音節(この文の場合は語でもある)は「強弱強」と発音される。また、強勢のある音節はピッチも高い。したがって、この文全体のイントネーションは以下のように、強勢と高いピッチの音節 Mary で始まり、強勢のない love のピッチはやや下がり、次の名詞 John がまた強勢を受けてピッチも上がるが、文末のピッチはぐんと下がって終わる。このピッチのレベルを数字で表せば、3－2－3－1ということになる。

$\overset{3}{\text{Ma}}\text{ry loves }\overset{3}{\text{Jo}}\text{hn.}$
    $_2$ $_1$

しかし、文が She loves him. なら、強勢は love という動詞におかれ、強勢のパターンは「弱強弱」、ピッチのパターンは、2－3－1である。

$\text{She }\overset{3}{\text{lo}}\text{ves him.}$
  $_2$ $_1$

名詞は新しい情報であるので、文中でまず強調されるが、代名詞と動詞が並べば、既出の古い情報である代名詞は弱く、動詞が強く発音されるからである。母語話者の間では、文意が変わらなければ、強勢の位置が異なるということは、ほとんどないと言ってよい。また、句や文の中でどの語が強勢を受けるかによって決まる文全体の抑揚・イントネーションも、どの母語英語でもほとんど違わない。

③　ノン・ネイティブのイントネーション
　一方、ノン・ネイティブの英語の場合は、自分の母語に影響を受けて、英語の母音の発音や語や句の強勢の位置が標準英語から乖離し、その結果、文全体のイントネーションが標準英語からずれることがある。
　例をあげると、日本語を母語とする人が英語を話すとき、本来はないは

ずの母音が子音の間に挿入されて、イントネーションが標準から乖離するということがある。例えば street という本来1音節の語が sutori:to と4音節になって強勢の位置がずれるというような現象がよく見られる。日本語では、5個しか母音がなく、五十音表の「かきくけこ」から「わ」まで、子音のあとにはほぼ必ず母音が来る「子音母音子音母音...（**CVCV**...）」という音節構造を持っているからである。こうしたことが、「自分の発音が外国人に通じない」という経験を語る人が多い原因の一つである。

　イントネーションの標準英語からのずれは、個別の母音や子音の発音のずれ以上に、英語によるコミュニケーション成立の妨げになる。ネイティブ・スピーカーにとって、外国人の英語は、母音の発音が多少ずれていても、イントネーションがしっかり標準的なイントネーションになっていれば、理解しやすいと言う。逆に言えば、聞き手であるわれわれが、さまざまな英語のイントネーションに慣れることで、ノン・ネイティブであっても英語でのコミュニケーション能力を向上させることが可能である。とはいえ、単語の母音の発音を間違えているために、通じないという場合も、もちろんあるので、母音の確認も重要だ。

　以上のことを踏まえながら、以下、「なまり」のある英語の聞き取り訓練に挑戦しよう。

　ドリル1、ドリル3はジョセフ・コールマン著、渡辺順子訳『いろんな英語をリスニング』（研究社刊）より引用した。ちなみに、この本には、ほかにもさまざまな「なまり」のあるスピーカーの発言が音声とテキストで紹介されており、「なまり」の聞き取り訓練にたいへん役に立つ。教材として推奨する。

ドリル1　Scottish English

問題 CDを聞いて、以下の記述が正しいかどうか、○か×で答えましょう。 **CD 9**　　　　　　　　　　　　　　　　（解答：次ページ）

1. ここは、スコットランドの人口100人くらいの小さな田舎の村だ。（　）
2. この村は、非常にスコットランドらしい村だ。（　）
3. この村は、典型的なスコットランドの村というわけではないが、スコットランドらしい村人の集まりがある。（　）
4. 「キーリー」というのは、村人の伝統的な楽しみで、夜集まって音楽に合わせてダンスを楽しむ。（　）
5. 「キーリー」では、昔は、もっと物語や、バイオリンの演奏を楽しんだ。（　）
6. 「キーリー」は、村人たちの議論の場だった。（　）
7. 「キーリー」は、主に子どもたちを楽しませた。（　）
8. 「ストーヴィーズ」というのは、スコットランドの伝統料理で、ジャガイモを油で揚げた料理だ。（　）
9. 「ストーヴィーズ」は、ジャガイモを肉汁で長時間煮込み、適度の硬さを残してつぶした料理だ。（　）
10. 「ストーヴィーズ」には、鶏肉も少し入れる。（　）

[解答] ドリル1

1	2	3	4	5	6	7	8	9	10
○	×	○	○	○	×	×	×	○	×

[原文]

① Where we are now is a small village of approximately 100 people, out in the countryside, and it's, ② I would say it's a village community more than a Scottish community as such. ③ However, we have things like village "ceilidhs."

④ You know what a ceilidh is? ⑤ So a ceilidh is traditionally just an evening of music, song, dance and I think traditionally it would probably be a lot more storytelling, performances, you know, ⑥ people playing the fiddle and everybody else listening. ⑦ As well as just talking, it's a social event. ⑧ But these village ceilidhs, the emphasis is on dancing. ⑨ And, there's also a ceilidh band, who have an accordion, usually, a drummer, there'll be a fiddler, quite often a caller, and a caller's the person who calls out the dance moves. ⑩ So like in America, it would be you know, "swing your partner", ⑪ but it's not, it's the Scottish moves for dancing. ⑫ And they're family ceilidhs, so the children come too, and all the people, all the families, provide the stovies and trifle, is there.

⑬ Stovies is potato which has been cooked for a long time in some kind of, ideally, dripping. ⑭ You know what I mean by that? ⑮ So, like the fat from a roast beef. ⑯ So the potatoes are cooked in a small amount of that, and then mashed up so that they're all, not soft, like mashed potatoes, still a little bit of hardness there. ⑰ And little bits of the meat are added in, but it could be beef, it could be haggis, which is of the Scottish food.

＊番号と下線は筆者が加筆。

[和訳]

私たちの村は人口100人ほどの田舎の小さな村で、いわゆるスコットラ

ンドの一コミュニティというより、村のコミュニティといった感じです。とはいえ、村には「ケイリー」のようなものがあるんです。

　ケイリーってご存じですか。ケイリーというのは、昔からある音楽や歌やダンスの夕べで、昔はたぶんもっとたくさん物語やパフォーマンス、つまりフィドルを弾く人たちがいて、ほかのみんなはそれに耳を傾けて、というのがあったんでしょうけどね。それにもちろん、ただのおしゃべりも。これは社交行事なんです。でも、こういう村のケイリーでは、ダンスに重きが置かれています。だからケイリーのバンドがいるわけですよ。ふつうはアコーディオンを弾く人、ドラマー、それからフィドラーがいて、コーラーがいることもよくあります。コーラーというのは、ダンスの動きの指示を出す人のことです。それなら、アメリカのような「スウィング・ユア・パートナー」かと思うかもしれませんが、そうではなくて、私たちがやるのはスコットランドのダンスの動作なんです。家族向けのケイリーですから、子どもたちも来るし、あらゆる人たち、あらゆる家族が、ストーヴィーズやトライフルをそこに持ってきます。

　ストーヴィーズというのは、じゃがいもを長時間、ドリッピングみたいなもの（理想的なのはもちろんドリッピングですが）の中で煮込んだ料理です。ドリッピングってどんなものかわかりますか。ローストビーフから滴る脂肪のことですよ。じゃがいもを少量のドリッピングの中で煮込んだあと、それをつぶしてマッシュポテトみたいにするんです。じゃがいもの小さなかたまりを少し残してね。そこに肉を少し加えます。肉は牛肉でもいいし、ハギスでもいい。ハギスというのは、もちろんスコットランドの食べ物です。

このスピーカーの発音の特徴

1 　いくつかの母音が標準英語と乖離している。

文① 　now [nau] — [næu] と発音されている。

文① 　out [aut] — [ɛut] あるいは [æut] に近い発音になっている。

文① 　countryside の [-said] と time [taim] — それぞれ [seid] [teim] に近い。

文⑮ fat — アメリカ英語の[fæt]ではなく、イギリス英語に近い[fɑt]である。

その他の母音は標準英語からの音の乖離はほぼない。

2 激しい音の連結と短縮が発生している。母音が欠落し子音だけが続いている箇所も多い。例えば以下の句の発音は、[　]のような発音である。

- Where we are now — [wherwir næu]　ウエアウィアナウ
- You know what a ceilidh is? — [yunouwatta kiliiz?]　ユノウワダキーリーズ
- People playing the fiddle and everybody else listening — [pi:plpleying thfiddl an deveribodi elslisning]　ピーポプレインダフィドー　ンデベリバデイエルスリスニン
- The emphasis is on dancing — [th emphssz ondancing]　シエムフシスズ　アンダンシング
- Still a little bit of — [stila litlbitav]　スティラ　リトルビタブ

聞き取りのコツ

　むずかしい内容ではなく、母音の標準英語からの乖離もそれほど多くないので、どのような特徴があるのかを特定し、聞き慣れれば、非標準の母音も容易に聞き取れる。むずかしいのは、音の欠落、連結、短縮の聞き取りである。それには、短縮・連結部分の子音と、句の中の内容語を聞き取ることがカギである。それ自体で意味を持つ内容語は短縮されることなくはっきりと発音されているので、聞き取りは比較的容易である。以下に特徴をあげてみよう。

- 文①では、now, village, 100 people, countrysideという内容語が取れればだいたい意味はわかる。どの内容語も明瞭に発音されている。
- 文②は、village community, more than Scottish communityがはっきりと発音されているので、聞き取りはむずかしくない。
- ③から⑥では、句⑥がもっとも聞き取りづらい。まずfiddle（バイオ

リン）ということばは聞きなれない言葉かもしれない。発音は [fidl] であるが、[l] は「ウ」に近く「フィドー」と聞こえる。このような語が日本人にとって聞き取りにくいのは、日本語の子音母音子音母音 CVCV... の構造から外れた音の構成をしているからであるが、そのことを自覚してよく聞くと聞こえてくる。よく聞いてみよう。

- 文⑦は、just talking, social ev— が聞き取れるはずだが、ev は event なのか evening なのかは不明瞭だ。しかし「おしゃべりしたりする社交の場」という理解はできる。
- 文⑧は、the emphasis is が、実際の発音では、母音が発音されているのは [e] のみで、[themfsz] と子音だけが続くので、その子音を聞き取ることが必要だ。子音だけの音の連続は聞き取りづらいかもしれないが、意識してよく聞くと聞き取れるだろう。また、次の on dancing は明瞭に聞こえるので、the emphasis's（強調されるのは）という音が取れなくても、「社交の場でダンスが行われる」という意味が取れる。
- 文⑨は、ceilidh [kili] band, accordion, drummer が明瞭。Ceilidh はカタカナで通常「ケイリー」と表示されることが多いが、[i] と [ei] の中間ともいえる微妙な発音である。むしろ [kiːliː] と聞こえるといったほうがよい。カタカナで「ケイリー」と書かれるのは、cei というスペリングの影響である。次の there'll be は不明瞭だが fiddler（バイオリン弾き）が聞こえるので、band の構成だとわかる。最後の a caller も発音は明瞭で、その意味の説明が後に続いているので、何をする人かという意味も取れるだろう。
- 文⑩は、like in America, swing your partner は明瞭。
- 文⑪の it's the Scottish moves for dancing は、やや不明瞭だが、その前に it's not と聞こえるので、アメリカの swing dance とは違うらしいとわかるだろう。
- 文⑫では、family ceilidhs, children come too と all the families, provide the stovies and trifle が聞き取れるので、「家族全員、子どもも来る、ストーヴィーズとトライフルを提供する」と理解できる。
- 文⑬で、その stovies の説明がある。potato, cooked, long, in dripping

「ジャガイモをドリッピング（肉汁・肉の脂も混じったもの）の中で長い時間煮る」と理解する。
・文⑭の You know what I mean by that? は、明瞭。
・文⑮は、fat, roast beef が聞き取れるので、「dripping」は「肉汁」のことだと理解が成立する。
・文⑯では、potatoes, cooked, then mashed up, not soft, like mashed potatoes, still little hardness は、容易に聞き取れるので理解もできるだろう。
・文⑰は、little, meat added in, beef, haggis, Scottish food が聞き取れれば「牛肉かハギスも少し入れる」こともわかる。

以上、このようなリエゾン、コントラクションが多い発話の聞き取りのコツは、まずは内容語をしっかりと聞き取ることだ。内容語はほぼ常に明瞭に発音されるので聞き取りがむずかしいということはない。ただ、例えば appreciate は、ストレスの位置が re にあり、最初の a と最後の t が弱音化して、[priʃiei] と聞こえることが多いというように、それぞれの語の特徴があるので注意しよう。

その上で、語の短縮、音の連結の聞き取りに力を入れる。通常のカジュアルな会話では、機能語はほぼ必ず短縮・連結する。母音が落ちて子音ばかりが連結することも多い。繰り返しの訓練で、前後に来る母音によって微妙に変化する子音を聞き取る練習が必要だ。しかし、日本人は、masmas を「ますます（masumasu）」と聞き、mekmek を「めきめき（mekimeki）」、kyowasskidessharai を「今日はススキですすす払い」と聞き取る耳を持っているので、耳をすまして聞き取る練習をすれば、子音のみの連続も聞き取ることが可能になる。

雄太のひとりごと

いやー、参った。脳みそが溶けそうだ。しかし、今までは聞き取れないところばかり気になって、本来聞き取れる部分まで聞けなくなる

Part II. 英語リスニング実践訓練

傾向があったけど、内容語は確かにはっきり発音されていて、聞き取りやすいなあ。それにしても、masmas（ますます）と mekmek（めきめき）には驚いた。はっはっは！ 日本人の耳はたいしたもんなんだ！

ドリル2　Indian English

問題 CD を聞いて、以下の記述が正しいかどうか、○か×で答えましょう。 **CD 10**　　　　　　　　　　　　　　　　　　（解答：次ページ）

1. インドの経済は順調であり、本年度の経済成長率は8.5%になる。（　）
2. インドは国際的金融危機後の対応では、巨額のクレジット（信用供与）を使用した。（　）
3. ここ数カ月、インフレが悪化したが、食料価格は上がっていない。（　）
4. インフレ抑制といっても、成長のリズムを壊すことなくインフレを抑えたい。（　）
5. インフレ抑制だけを懸念するのであれば、金融の引き締めをすればよいだろう。（　）
6. しかしインフレ抑制のために経済成長を阻害するようでは、国のためにならない。（　）
7. 経済成長には、国際金融のコントロールができなければならない。（　）
8. 国際的な状況をコントロールできない状況の中で、インフレに対応しなければならない。（　）
9. インド経済は開放を進めている。その一方で石油価格も、食料その他の商品価格も上昇している。その中でのインフレ対応が求められている。（　）
10. インフレ抑制の努力は成功するかどうかわからないが、年末にはインフレ率は7%以下になるだろう。（　）

【解答】

1	2	3	4	5	6	7	8	9	10
○	×	×	○	○	○	×	○	○	×

【原文】

I wish to tell you that our economy is in good shape. We will have a growth rate of 8.5 percent this year, this fiscal year, and that the way India has come out and tackled the aftermath of international financial crisis, I think, does our country a great credit.

It is certainly true that in recent months inflation, and food inflation, in particular, has been a problem. We want to deal it in a manner that the growth rhythm is not disturbed.

If we were concerned only with curbing inflation, I think we could have done it, I think, by pursuing tighter monetary policies, we could have, I think, brought about a situation where price rise could be moderate.

But if in the process, the growth process gets hurt, I think that would not do our country any good and we are trying to deal with (the) inflation at a time when we don't have all the instruments at our command in the sense that we have no control over the international events.

We are now increasingly an open economy and the oil prices are rising, the food prices are rising, commodity prices are rising, we have to deal with the inflation despite an adverse international environment and you have my assurance that we will succeed.

And at the end of this fiscal year, I think the inflation rate should come down to no more than 7 percent.

【和訳】

皆様には、インドの経済は順調だと申し上げたいと思います。本年度の経済成長率は8.5％になるでしょうし、国際金融危機の克服と、危機後の対応については、インドは優れていたと自負してよいと思います。

確かに、ここ数カ月インフレ率が高くなっています。特に食料価格の上昇は問題です。我々は成長のリズムを崩さない方法で（インフレに）対応していきたいと思います。

　インフレの抑制だけが問題であるなら、金融引き締めでインフレを抑えることが可能だったでしょう。物価の上昇を緩和できたでしょう。

　しかし、その過程で経済の成長プロセスにダメージを与えるようなら、国のためにはなりません。われわれは、国際社会で起こることはコントロールすることはできないという意味で、あらゆる手段を自由に使えるわけではありませんが、インフレに対応しようとしているところです。

　インドは今や開かれた経済となり、経済の開放はさらに進んでいます。石油価格が上昇し、食料価格も、他の商品の価格も上昇しています。われわれは、国際的な逆境にもかかわらずインフレと戦わなければなりませんが、必ずやそれに成功すると皆様に確約します。

　現会計年度が終わるころには、インフレ率は 7% を下回っているはずです。

| このスピーカーの発音の特徴 |

❶ いくつかの母音と子音が標準英語から乖離している。

　よく聞くと母音の標準英語からの乖離はそれほど多くないが、いくつかある。

・shape の二重母音 [ei] は長い母音の [e:] の発音。
・particular は [pa:tikula:] と発音され、[ar] の [r] は落ちて長い [a] として発音されている。[kjə] は、[ku] と発音されている。[kj] の子音はないようだ。
・moderate [mɑdrət] が、独特の [mo:dərət] という発音で、[mo::] と 2 個の長音の印を使いたくなるほど母音が長い。インド英語には [ɑ] はないと言われ、[a] が [o] の音で発音されている。economy [ekonomi::] も、events [i::vents] も同様にストレスのある音節が、標準英語と異なり、[mi::] と [i::] が異常に長く発音されている。
・rhythm の [θ], growth や brought, moderate, assurance の [r] が巻き舌

になっている。
・oil [oil] は、[ail] と発音されている。
・最後の percent は、[pərs] と第2音節が弱音化して、ほとんど聞こえない。person と発音しているようにも感じられる。

2 イントネーション（文全体の抑揚）が標準英語から大きく乖離している。
特に以下の3点を指摘することができる。

① 語尾や句末のピッチが上がる。
② 音の短縮や連結がほとんどなく、一語一語がほぼ同じ強さで発音される。
③ that, and などの機能語や be 動詞が、特に目立って高いピッチで発音される。

ピッチとは、音の高さのことである。例えば、いわゆる標準の日本語では、はし（橋）は、第2音節のピッチが高く、はし（箸）では第一音節のピッチが高い。日本語は、音節のピッチの高低で語の意味が変わるという特徴を持つ。他方、英語の強勢のある音節は、ピッチも高いが、通常、語について意識されるのはピッチの高さより強勢のあるなし、つまり強弱である。どの言語にも独特のイントネーションがあり、それは、語レベルでどの音節に強勢が置かれるか、またはどの音節のピッチが高いか、句や文のレベルでは、音の連結・短縮はあるか、どのように連結・短縮されるか、が大きく影響する。

また、句や文レベルのピッチのパターンがイントネーションを左右する。ピッチの高さを数字で表すと、標準英語の平叙文のピッチは、2で始まり文末の内容語のストレスがある音節のピッチが3に上がり、最後は1に下がって終わる。例えば、

$_2$I am from A^{3}me‾ri‾ca $_1$.

という具合である。文が複雑になり、句が重なると、それぞれの句の中で

ピッチの高低ができるが、文の終わり以外は、2-3-2 というピッチパターンになり、文末のみ1に下がるのが普通である。このドリルで取り上げたシン首相の冒頭の発言は、標準英語なら、以下のようなピッチと文末が下がるというイントネーションである。これが疑問文なら、文末のピッチは3で、文末が上がることになる。

I wish to tell you that our economy is in good shape.

そのシン首相の発言を、標準英語のイントネーションで表記すると、以下のようになる。　　　はピッチ2、　　　なら、カギの冒頭がピッチ3、最後がピッチ1を示す。

標準英語のイントネーション

I wish to tell you that our economy is in good shape. We will have a growth rate of 8.5 percent this year, this fiscal year, and that the way India has come out and tackled the aftermath of international financial crisis, I think, does our country a great credit.

It is certainly true that in recent months inflation, and food inflation, in particular, has been a problem. We want to deal (with) it in a manner that the growth rhythm is not disturbed.

If we were concerned only with curbing inflation, I think we could have done it, I think, by pursuing tighter monetary policies, we could have, I think, brought about a situation where price rise could be moderate.

But if in the process, the growth process gets hurt, I think that would not do our country any good and we are trying to deal with (the) inflation at a time when we don't have all the instruments at our command in the sense that we have no control over the international events.

We are now increasingly an open economy and the oil prices are rising, the food prices are rising, commodity prices are rising, we have to deal with the inflation despite an adverse international environment and you have my assurance that we will succeed.
　And at the end of this fiscal year, I think the inflation rate should come down to no more than 7 percent.

　ところが、シン首相のこの発言は、以下に示すように、起伏が激しく、語尾、句末が3に上がる部分が多い。また、is, will, that, an, the などで囲んだ機能語が顕著に高く強く発音されているため、独特のイントネーションを作り上げている。いわゆるインド英語の尻上がりのイントネーションである。また、inflation が inflationiz に、gets hurt であるべきところが get hurts になるなど、数ヵ所、語末に不要な [-z] や [-s] の音が入ったり、本来あるべき [s] が抜けたりするところがある。

インド英語のイントネーション

　I wish to tell you that our economy is in good shape. We will have a growth rate of 8.5 percent this year, this fiscal year and that the way India has come out and tackled the aftermath of international financial crisis, I think, does our country a great credit.
　It is certainly true that in recent months inflation, and food inflation, in particular, has been a problem. We want to deal it in a manner that the growth rhythm is not disturbed.
　If we were concerned only with curbing inflation(iz), I think we could have done it, I think, by pursuing tighter monetary policies, we could have, I think, brought about a situation where price rise could be moderate.
　But if in the process, the growth process get[s] hurt(s), I think that would not do our country any good and we are trying to

Part II. 英語リスニング実践訓練　83

deal with (the) inflation at a time when we don't have all the instruments at our command in the sense that we have no control over the international events.

We are now increasingly an open economy and the oil prices are rising, the food prices are rising, commodity prices are rising, we have to deal with the inflation despite an adverse international environment and you have my assurance that we will succeed.

And at the end of this fiscal year(z), I think the inflation rate should come down to no more than 7 percent [pərs].

［聞き取りのコツ］

　まず、独特の尻上がり、あるいは本来ピッチが1のレベルにまで下がるべき文末が下がりきらず、2の高さに留まっているために尻上がりに感じられるイントネーションに慣れることである。また、いくつかの母音が、標準英語から乖離していることを把握すること。さらには、機能語を含めて、一つ一つの語が強く、大きく、高く発音されることが多いことを認識し、それによって生まれる独特のイントネーションに慣れることが必要である。

■雄太のひとりごと

　いやー、まいった。インド英語の特徴というのは、こういうことだったのか。しかし、イントネーションもさることながら、ぼくにとってはあの巻き舌の発音が聞き取りづらさの原因で、それでインド英語ってのは、聞いた瞬間に拒否反応を起こしていたような気がするなあ。やっぱり目からうろこだなあ。でも原因がわかったら、なんだかほっとしたような気がする。まいった、まいったとばかり言ってられないぞ。がんばらなくちゃ！

ドリル3　British English

問題 CDを聞いて、以下の記述が正しいかどうか、〇か×で答えましょう。**CD 11**　　　　　　　　　　　　　　　（解答：次ページ）

1. 私は英国中部のさまざまなところに住んだ。父が英国空軍の軍人だったからだ。（　）
2. 4歳のときから3年間、キプロスにも住んだ。（　）
3. キプロスでは、3年間、ずっと一ヵ所に住んだ。（　）
4. その後、イギリスに戻り、ちょっとウェールズにも住んだが、南の海岸地域のドーセットという町に移った。（　）
5. 高校を出てからは、ケンブリッジ大学に行った。（　）
6. 大学では、数学を学んだ。（　）
7. その後、アメリカに家族とともに移住した。（　）
8. アメリカでは、トーランスで少し働いた。（　）
9. アメリカでは、ホームステイをして、ベビーシッターをした。（　）
10. アメリカでは、ホームステイ先の家族に連れられて、いろいろな地域を見た。（　）
11. アメリカで各地を見ることができたのはよかった。イギリスとはずいぶん違うとわかった。（　）
12. アメリカはイギリスと違って、道路でもなんでも大きかった。（　）
13. アメリカへ行った時は25歳だった。（　）
14. アメリカへ行って一番驚いたのは、皆が私の英語を聞きたがったことだ。（　）
15. アメリカで皆が私の英語を聞きたがるので、できるだけ口を開かないようにした。（　）

[解答] ドリル3

1	2	3	4	5	6	7	8	9	10	11	12	13	14	15
○	○	×	○	×	×	×	×	○	○	○	○	×	○	×

[原文]

① I lived all over the place. My father was in the Royal Air Force, so I lived in parts of England, ② sort of the middle parts of England, then when I was four we moved to Cyprus for three years. So we lived in three different places in Cyprus and then moved back to England and lived in north Wales for a short while, and then moved to the south coast to an area called Dorset, which is a seaside, which is Weymouth, ③ which is a seaside town.

④ After secondary school, OK, I went to a college in Oxford and studied hotel management, and ⑤ after that, then I worked in, actually I went, and then I went to America ⑥ and worked for a short while in Atlanta. And ⑦ I lived with a family and helped, ⑧ like an au pair type role, so that was fun actually, just then they took me on holidays, yes we went to different parts. Yeah, but it was good, but was very different to England, very different. Bigger, I mean where I lived was a little seaside town with small roads, and in America, well the bit I was in was wide roads, everything very, very spaced apart, so obviously very different to Japan as well, everything is very cramped in.

Actually, what really struck me as a 22 year old, was I'd speak English and the Americans would go, "Wow, you're English, well speak to me, just speak to me at all." Well, what do you want me to say? "Well just say anything, just say anything." 'Cause it was just that English accent that they wanted to hear. So, I did feel kind of like everywhere I went, everybody was like, "Oh speak to me! Speak to me!" It was novelty to start with, and after that, if you go into a shop and somebody says "Oh, you're English!" Like, "Oh no, just leave me alone."

* 番号は筆者が加筆。

和訳

　私はありとあらゆるところに住んだことがあるんです。父は英国空軍に所属していたので、私はイングランドに、イングランドの真ん中あたりに住んでいました。そして私が4歳のとき、私たちはキプロスに引っ越し、3年間暮らしました。キプロスでは3ヵ所に住んだんですよ。そのあとイギリスに戻ってウェールズ北部で少しだけ暮らし、それから南海岸のドーセットと呼ばれる地方に引っ越しました。それは海辺の──ウェイマスといって、海辺の町なんです。

　中学校を卒業すると、ええと、オックスフォードのカレッジに進んでホテル経営学を学び、そのあとアメリカにわたって、短い期間アトランタで働きました。私はある家族と一緒に暮らして、手伝いをしたんです──オペアみたいに。とても楽しかったわ。そのとき、彼らは私を休暇に連れ出してくれました。いろいろな場所にね。ええ、それは本当に楽しかった。でも、イングランドとはまったく違っているんですよ、まったくね。何もかも大きいんです。私が住んでいた場所は狭い道路しかない小さな海辺の町だったけれど、アメリカで私がいた場所は、道路が広いし、何もかもゆったりとスペースをとって作られていました。だからもちろん、日本ともまったく違うわけですよ。日本は何でも狭苦しいですからね。

　ところで、22歳のとき私が本当にびっくりしたのは、私が英語を話すと、アメリカの人たちが「わあ、君はイギリス人なんだね。何か話して、何か話してみてくれよ」なんて言うんです。で、何を話してほしいのかと聞くと、「何でもいいから、とにかく話してくれ」なんて言われるんです。彼らはイギリスのアクセントが聞きたかっただけなんですよ。私がどこに行っても、みんな「ねえ、話して。話してよ！」って。初めのうちはそう言われることが新鮮でしたが、そのうち、店に入ったときに誰かから「まあ、あなたはイギリス人なのね！」なんて言われると、「わあ、やめて。どうかほっといてください！」って感じになってしまいました。

このスピーカーの発音の特徴

❶ British English の母音の特徴

- part [pɑːt], sort [soːt], four [foː], Dorset [doːsɛt] など ── アメリカ英語との発音の違いが顕著な語で、[r] が落ちて母音が長く発音されている。
- college ── アメリカ英語なら [kɑlɪdʒ] だが、このスピーカーの発音は、[kɔlɪdʒ] とやや異なる。
- studied [stə/ʌdɪd] ── -died が極めて短く、スタッカート（音を短く切るリズム）である。[-iːd] というよりは [-did] の発音。

❷ 連結（リエゾン）と短縮（コントラクション）

全体にほぼすべての語の母音がギュッと凝縮されたように極めて短く発音され、動詞と機能語の連続する句でも、ほとんどすべての母音が短く詰まって発音されているので、名詞と動詞以外はかなり聞き取りにくいかもしれない。短縮・連結している句では、母音の短縮・欠落だけでなく、子音も無声化 (d が t になるなど) し、ソフトでますます聞き取りにくくなっているので、耳を澄ませて聞き取る必要がある。以下いくつか短縮・連結の例をあげよう。

- ① I lived all over the place. ── はっきり聞こえるのは I と place のみ。lived の [v] [d] はかなりソフトで、[lift] に近い。all over the place はかなり詰まって [alovətəplace]（オーロファタプレイス）に聞こえる。しかも th [ð] が転じた [t] は「プフッ」という息 (aspiration) すら伴っている。
- ② sort of the middle parts of England ── 句の冒頭が、sotof（ソータフ）と短縮・連結・弱音化している。その後は [tmitlpaːtsof]、句全体としては「ソータフタ　ミトゥパーツオフ　イングランド」のような発音。
- ③ which is a seaside town も、[wichsassaid tawn]（フィッチサシーサイタウン）という具合で、明瞭に聞こえるのは seaside town だが、d は t に連結してほんのわずかに [t] が長いという程度である。
- ④ After secondary school ── after は、[aftə] だが、[f] [t] が連結・弱音化して「プスッ」という息だけが残り、ほとんど aso あるいは単に a とすら聞こえる。secondary は [sekntry] と有声（濁音）子音 d は、無声化

して、[t] に変化している。第一音節の se に強勢があり、condary に強勢がないので弱音化・無声化しているのである。ほかにも Actually [æktʃuli] や different [dɪfrənt] など、母音がかなり落ちている語が多い。

・⑤ after that, then I worked in, actually I went, and then I went to America ── ごちゃごちゃと言っていて取れないと気になるが、繰り返しが多いだけである。一番大事な情報である went to America は比較的明瞭なので、これが取れればよい。

・⑥ and worked a short while in Atlanta ── worked a short while は比較的明瞭。Atlanta の第一音節の [ə] は、ごく弱く、[tlanta]（トランタ）と聞こえる。

・⑦ I lived with a family and helped ── I と family と helped が明瞭だが、動詞句は [liftwitafamili] と、d, th, は無声化してソフトである。

・⑧ like an au pair type role ── ここは、「オペア」（フランス語で、子守や家事手伝いをする留学生のこと）を知らないと、聞き取りにくい。

聞き取りのコツ

このスピーカーは、⑧以降も、短縮・連結が多いが、相対的にいえば、前半の話に比べると、ずっとわかりやすい発音になっている。ここでも聞き取りのコツは、まずは内容語を聞き取ると同時に短縮・連結している機能語をしっかりとらえることである。

実は、後に続く母音が短縮・連絡して欠落した子音は、後に続く母音によって微妙に変化している。例えば、日本語の「カキクケコ」と発音してみよう。次にささやくように「カキクケコ」と言ってみよう。[k] が発音される位置が後に続く母音によって微妙に変化しているはずである。日本語では [a] [o] [e] より [i] と [u] は物理的に短く、[s] や [k] など短い無声子音（ささやいた時のように声帯が震えない音。[z] や [g] は有声で声帯が震える。のどぼとけを軽く押さえて発音すると違いがわかる）の後ろにくる [i] や [u] は、母音でも無声化する、すなわち「欠落する」ことがある。もちろん大半の日本人はこれを意識していないが、これは、いわゆる標準語といわれる日本語の音声学上のルールの一つである。

しかし、無声化した母音の前の子音は、母音がそこにあるごとく発音されるので、後続の母音が何かによって子音そのものに微妙な音の違いがある。したがって、例えば、「きつきつ」は、しばしば [kitsukitsu] ではなく、[ktskts] と子音のみで発音されるが、同じく母音が無声化して発音される「くつくつ」[ktskts] と間違えられることはない。日本人は、母音が無声化しても、つまり母音が子音の間で欠落しても子音の違いを聞き取る耳を持っているということである。

したがって、英語でも、短縮や連結により母音が欠落した場合も、子音の違いを聞き分ける能力を持っているということができる。こうしたルールを知った上で聞き取り能力を向上させるには、ピアノの演奏と同じで、練習をすることである。さまざまな英語にたくさん触れて、意識的にその特徴をつかむ訓練をすることである。ピアノの練習を重ねると、そのうち無意識のうちに指が動くようになるのと同じで、英語の聞き取りも無意識にできるようになる。

雄太のひとりごと

いやー、まいったな。あっ、また言っちゃったよ。しかし、最後のスピーカーは、本当に英国人だったんだろうか。同じ英国人でも、BBCのアナウンサーの英語とは似ても似つかない英語だ。最初は何を言っているのかまったく聞き取れなかった。いや、まいった、まいった。しかし、言われてみればそうかと思うが、英語の発音の「なまり」は、母音の発音と音の短縮・連結、それにイントネーションで変わるのか。こんな風に指摘されると、なるほどと感心するなあ。今までは、何がどうなってて、なぜ聞き取れないのかがまったくわからなかったが、今回初めてどこが聞こえて、どこが聞こえていないのかがよくわかった。しかし、やっぱり最大の難関は、短縮と連結で変化した音の聞き取りだな。先生の指摘を受けて聞きなおしてみると、本当になんだか聞き取れる気がしてくるから不思議だ。これからも聞き取り訓練をがんばるぞ。

ブラックスワン教官の評価

　言語の音に対するセンスがあり、努力家でもあるので上達もなかなか早い。問題点を指摘されると、それなりの頭の切り替えができる。トランスクリプションも、積極的にこなして、自分が聞き取れていなかった部分を速やかに特定し、指導に従って、聞き取り練習を繰り返した結果、かなり聞き取り能力が向上した。さらなる聞き取りの改善には、個別の語にこだわり続けるのではなく、全体を聞き流して意味をとらえるというゆとりも必要である。

学習のアドバイス　「なまり」のある英語に慣れるためのヒント

　「なまり」のある英語に慣れるためには、インターネットで音声教材を見つけ、さまざまな英語に挑戦しよう。最初は、少しわかりにくい程度のものから取り組み、徐々にかなりチャレンジングな素材まで対象を広げていくとよいだろう。自分の今までの経験から、聞き取りがむずかしかった国の人の英語を手始めに取り組むとよいだろう。あるいは自分が職場などでしばしば出くわし、聞き取らなければならない特定の国の「なまり」から挑戦するのもよい。必要に迫られてする勉強は、切実なだけ伸びも速いからだ。"One at the time."（一つずつ）という気持ちで、あせらずに取り組むのがよい。継続することにより、気がつけば、いろいろな英語を聞き分けられるようになっていたということになるだろう。

　「なまり」の要因は、母音とイントネーション、そして語や句の音の短縮と連結である。ストレスのない音節の母音はよく落ちたり、[ə]に短縮されたりする。子音も無声化することが多いといった規則があるので、その規則を思いだそう。短縮・連結することばは、機能語が多い。内容語は、ほぼ常に明瞭に発音されるので、細かいところに気を取られずに、内容語に注意をすれば、意味の大方は取れるという安心感を持って英語に耳を傾けよう。

ブラックスワン教官から読者へのアドバイス **CD** 12

「なまり」のある英語の聞き取り能力を高めるためには、標準英語の母音を把握しておくと役に立ちます。そこで、CDに、標準アメリカ英語とイギリス英語の母音を録音しておきました。なお、合わせて日本語の5つの母音が、英語のどの音のに近いかを図示しておきます。

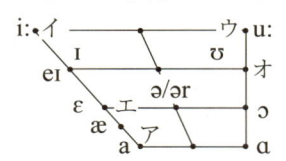

		アメリカ英語の発音	イギリス英語の発音	日本語の母音との比較
1.	beat	[biː t]	[biː t]	イ
2.	bit	[bɪt]	[bɪt]	
3.	bait	[beɪt]（二重母音）	[beɪt]	エイ（2個の母音の並び）
4.	bet	[bɛt]	[bɛt]	エ
5.	bat	[bæt]	[bat]	
6.	bott	[bɑt]	[bɔt]	ア（かなり音質が違う）
7.	but	[bət]	[bət]	「ア」と聞こえることが多い
8.	bird	[bərd]	[bərd]	
9.	bought	[bɔt/bɑt]	[bɔt]	オ（やや音質が違う）
10.	book	[bʊk]	[bʊk]	ウ（やや音質が違う）
11.	boot	[buː t]	[buː t]（日本語より唇が突き出て丸まる）	
12.	bite	[baɪt]（二重母音）	[baɪt]	アイ（2個の母音の並び）
13.	bout	[baʊt]（二重母音）	[baʊt]	アウ（2個の母音）
14.	boy	[bɔɪ]（二重母音）	[bɔɪ]	オイ（2個の母音）
15.	boat	[boʊt]（二重母音）	[boʊt]	オウ（2個の母音）

＊[eɪ] [aɪ] [aʊ] [ɔɪ] [oʊ] は、二重母音であり、口の中の一ヵ所で音が作られはじめ、緩やかに変化して別の位置で終わる音で、それぞれ1個の母音と認識される。日本語の [エイ] [アイ] など二つの母音の並んだ音とは異なる。

Lesson 3
カジュアルな英語を聞き取る

　今日の訓練はカジュアルな英語の聞き取りである。外国で暮らしたことのない雄太にとって、英語は教室で学ぶものであり、ビジネスや旅行で使うものである。一生懸命勉強してきたおかげで、オフィスで隣に座っている同僚との英会話や、社内会議での英語の発言の聞き取りではあまり困ることはないが、送別会や歓迎会、プロジェクトの打ちあげのパーティなどの気軽なおしゃべりの場面になるとネイティブ同士の会話が聞き取れないことが多い。何の話をしているのかわからなければ口をはさむこともできないため、どうしても日本人ばかりと話すことになり、外国人の同僚との交流が進まない。雄太はかねがね、会議ではよく聞き取れるのに、どうしてパーティになるとわからなくなるのかが不思議だった。このままでは、外国人の同僚と日常業務を越えて親しくなれない。雄太は、この訓練を受けてぜひカジュアルな英語も聞き取れるようになりたいと強く願っていた。

教官：　佐藤さんはビジネスに関する英語なら聞き取れるけれど、パーティの会話は苦手だそうですね。

雄太：　はい。私の隣の席にアメリカ人の同僚がいるんですが、標準的な英語を話すほがらかな若者で、日常業務については何の問題もないんです。こちらの話もよくわかってくれるし、ときには家族の話や休暇の過ごし方など業務以外のことも話して、けっこう楽しくやっているんです。ところが、彼が電話で話すときに相手が日本人の上司や同僚だったらいいんですが、たまに親しいアメリカ人の友人がかけてくると、ペチャクチャ、ペチャクチャと知っている単語がところどころわかる程度しか聞き取れません。お酒なんか入ると、もっとのってしゃべりますから、外国人の同僚が固まっているところには近づけないって感じです。普通のときは聞き取れるのに、どうし

てパーティになると聞き取れないんでしょうか。

教官：公の場のスピーチなど、あらかじめ準備したうえで話されるフォーマルな英語に比べると、カジュアルな英語では、聞き取りの障害になる6つの特徴があります。今日は、これらの特徴を含むスピーチや会話を用いて、カジュアルな英語に慣れるよう訓練を進めます。

講義　カジュアルな英語の特徴

A スピードが一定でない。

B 言いよどみやフィラー（間を取るためなどに使われるつなぎ語）が入る。

C 口語的な表現が多い。

D I want to がアイ　ウオンナ、kind of がカインダブ、I am going to がアイ　ゴナ　のように、発音のコントラクションやリエゾンが多くなる。

E 文章と文章の間にポーズを置かない、イントネーションがフラットになる、明瞭に発音しないつぶやきや独り言のような箇所があるなど、フォーマルなスピーチを行うときに比べて、自己抑制の少ない話し方になる。

F 文章が完結しない、または、言い直しがある。

最初の教材は2010年9月29日にバージニア州リッチモンドで開かれた市民集会でオバマ大統領が行った経済問題に関する対話の一部である。オバマ大統領の発言にはカジュアルな英語の特徴が表れている。

ドリル1　オバマ大統領と市民の対話 1

ある参加者が政治家同士の中傷を批判した部分である。「自分たちは経済の再建を任せるために頭のいい人たちを選挙で選んでワシントンに送った。しかし、今の議論を聞いていると、政治家を信頼するのはむずかしい」と

述べ、節度ある態度を心がけてほしいと提言したのに対し、オバマ大統領がコメントしている。

[問題] CDを聞いて下線部の中を埋めてください。 **CD 13**

（解答：次ページ）

　Well, look, the, uh — first of all, uh, I think you give ＿＿＿＿＿＿＿＿＿＿＿＿＿＿＿＿＿＿＿＿＿＿＿＿＿＿＿＿＿＿＿＿＿＿＿＿＿. (Laughter.) Uh, I — we might dispute that.

　But, but, you know, ＿＿＿＿＿＿＿＿＿＿＿＿＿＿＿＿＿. Um, I think a lot of people, uh, were . . . inspired by our campaign because we tried ＿＿＿＿＿＿＿＿＿＿＿＿＿＿＿＿＿＿＿. And . . . and, part of my agenda was changing Washington. I mean, I came into, uh, . . . national, uh, notice . . . when I made a speech in Boston talking about ＿＿＿＿＿＿＿＿＿＿＿＿＿＿＿＿＿＿＿＿＿＿＿＿
＿＿＿＿＿＿. I . . . I believe that so profoundly.

　Uh, I will tell you . . . that . . . changing the culture in Washington is very hard, and I've seen it these last two years, um, because I think that . . . folks in Washington tend to think about how to stay in power ＿＿＿＿＿＿＿＿＿＿＿＿＿＿＿＿＿＿＿＿＿＿＿.

[解答]

　Well, look, the, uh — first of all, uh, I think you give everybody too much credit when you say everybody in Washington is smart guys. (Laughter.) Uh, I — we might dispute that.

　But, but, you know, you're making such a powerful point. Um, I think a lot of people, uh, were ... inspired by our campaign because we tried to maintain a very civil tone throughout the campaign. And ... and, part of my agenda was changing Washington. I mean, I came into, uh, ... national, uh, notice ... when I made a speech in Boston talking about there aren't red states and blue states, there's the United States of America. I ... I believe that so profoundly.

　Uh, I will tell you ... that ... changing the culture in Washington is very hard, and I've seen it these last two years, um, because I think that ... folks in Washington tend to think about how to stay in power more than they think about how to solve problems.

ドリル2　オバマ大統領と市民の対話2

[問題] CDを聞いてカジュアル英語の特徴であるスピードの変化と、言いよどみやフィラーの挿入を観察してみましょう。 CD 13

[解説]

　Well, look, the, uh — first of all, uh, I think you give everybody too much credit when you say everybody in Washington is smart guys. (Laughter.) Uh, I — we might dispute that.

　But, but, you know, you're making such a powerful point. Um, I think a lot of people, uh, were . . . inspired by our campaign ① because we tried to maintain a very civil tone throughout the campaign. And . . . and, part of my agenda was changing Washington. I mean, I came into, uh, . . . national, uh, notice . . . when I made a speech in Boston talking about ② there aren't red states and blue states, there's the United States of America. I . . . I believe that so profoundly.

　Uh, I will tell you . . . that . . . changing the culture in Washington is very hard, and I've seen it these last two years, um, because I think that . . . folks in Washington tend to think about how to stay in power more than they think about how to solve problems.

[このスピーチの特徴]

オバマ大統領の話し方に見られるカジュアル英語の特徴　　(p.94 参照)

A スピードが一定でない。

　下線で示した箇所（① と ②）はその他の部分に比べて極端にスピードが速い。考えながら話をしているところはスピードが落ちるが、的確なことばや表現を思いつくと急に早口になる。過去に自分が行ったスピーチを引用している下線部 ② では言いなれた表現がなめらかに口をついて出ている。第一パラグラフは話し方のスピードが急に変わるために、早口になった箇所を聞き落としやすいが、第二パラグラフは一定のスピードが守られているため、比較的聞きやすい。

B 言いよどみ (disfluency) やフィラーがあること。

　フォーマルスピーチではほとんど見られない言いよどみ（ . . . で示す）や、"uh", "um" などのフィラーが多い。英語のネイティブであれば聞き取りの障害にはならないが、日本人の英語学習者にとっては、

集中力をそがれる可能性もある。

ドリル3　オバマ大統領と市民の対話3

　同じ市民との対話集会の続きの部分である。市民から「あなたのリーダーシップの下で、本当にアメリカ経済は強くなったのか？ 消費者の信頼感指数は下がっている。大統領の見方と国民の見方が一致していないのはなぜか」という質問を受け、大統領が「経済の縮小は底を打ち、成長に転じている」と語った部分である。

問題 CDを聞いて、以下の記述が正しいかどうか、○か×で答えましょう。 **CD 14**　　　　　　　　　　　　　　（解答：次ページ）

1. 私たちは深い穴に落ち込んでいて、そこから抜け出すことはできない。（　）
2. 私たちは、ブレーキが故障したような気がしている。（　）
3. 何かうまくいかないことがあっても、そのこと自体をくよくよ悩まない。（　）
4. これまで、こんなに政治家たちがとげとげしいものの言い方をしたことはなかった。（　）
5. 穴が浅ければ、そこから抜け出ようとエネルギーを奮い立たせるのは簡単だ。（　）
6. レーガン政権のときは経済が好調で、レーガン大統領は今でも偉大なコミュニケーターとして国民に愛されている。（　）
7. ビル・クリントンが大統領だったころ、ヒラリーの名前がよく取りざたされた。（　）
8. アメリカは過去にも厳しい時代を経験したが、いつも乗り切ってきた。（　）

[解答]

1	2	3	4	5	6	7	8
×	×	○	×	○	×	×	○

[解説]

2. "bad brakes" は故障したブレーキではなく、テレビドラマのタイトル。「不運の連続」という意味。
4. 「今回が初めてではない」と言っている。
6. レーガン政権時代の最初の２年間は経済の状態がよくなかった。
7. "call names" は「名前を呼ぶ」ではなく「悪口を言う」という意味。

[原文]

And I guess my response then to people is to say, look, uh, in our own individual lives each of us go through times where it just seems like we get — it feels like we get some bad breaks or we make some mistakes, something happens in our life where we're kind of in a hole. And the deeper the hole sometimes the harder it is to muster up the energy and the go-get-'em attitude to be able to climb out of it.

But if you persist — at least I've found in my life and I'm sure everybody here has found in their lives — if you persist, if you stay with it, if you have a positive attitude that doesn't ignore problems but says, "I can solve these problems, as long as I apply myself, and if something doesn't work I don't brood on the fact that it doesn't work; I'm going to try something different. But I'm just going to keep my eye on a better future," then eventually you get out of the hole. You figure it out. And America has always done that. We've been in tough times before, but we've always figured it out. Eventually —, you know, this isn't the first time we've had such, you know, contentious politics. I mean, shoot, I was — some people may remember when Bill Clinton was President, uh, folks were going nuts, calling him names, and Hillary names, and frankly, when Ronald

Reagan was President, the first couple of years, they were — the economy went through a very tough time.

And even though now everybody remembers him as a great communicator, at the time, everybody was saying, "Oh, the country is falling apart." We had inflation and high unemployment. But we got our way — we found our way through it.

[和訳]

　たぶん、それに答えるとすれば、ほら...ああ...私たち自身の生活で、それぞれがそういう時期を経験していて、不運の連続だとか間違いをしたと感じている、人生に何かが起こって自分たちが穴に落ちていると感じているんだ。それで、穴が深ければ深いほど、エネルギーを奮い起して、絶対そこから出るんだという姿勢を持つことがむずかしくなる。

　しかし、もし持ちこたえたら、少なくとも私は自分の人生でそれを経験したし、ここにいるみんなもそれぞれの人生できっと経験したと思うけれど、もし持ちこたえられたら、もしそのまま耐えられたら、前向きの態度を持っていれば、つまり、問題を無視はしないけれど「自分が一心に取り組む限り、これらの問題を解決することができる。もし、それでうまくいかなくても、私はうまくいかないという事実にくよくよしない。何かこれまでとは違うことをやってみる。でも、自分はただよりよい未来を見据えているだろう」と言うならば、いずれ穴から出るだろう。皆さんは解決する。アメリカはいつもそうしてきた。私たちはこれまでも厳しい時代を経験したが、いつも私たちは解決してきた。いずれ...政治家がこんなに辛辣なものの言い方をするのはこれが初めてではない。つまり、こんちくしょうめ、私は...ビル・クリントンが大統領だったときのことを覚えている人もいるだろう。あのときは、みんなが変になって彼の悪口を言ったり、ヒラリーの悪口を言ったりした。率直に言ってロナルド・レーガンが大統領になった最初の2年間の経済はとても厳しかった。

　そして、今はみんなが偉大なコミュニケーターとして思い出している。そのときは、みんなが「国が崩壊しようとしている」と言っていた。イン

フレで失業率も高かった。しかし、私たちは道を切り開いた、それを抜けるための道を切り開いた。

このスピーチの特徴 この部分に見られるカジュアルな英語の特徴

（p. 94 参照）

C 口語的な表現が多い。
- It feels like we get some bad breaks.（不運の連続みたいだ）
『バーン・ノーティス　元スパイの逆襲』（原題：*Burn Notice*）は、アメリカのUSAネットワークで放送されているテレビドラマシリーズ。第13回の "Bad Breaks" は2009年2月12日にアメリカで初放送されている。邦題は「不運の連続」。
- The deeper the hole sometimes the harder it is to muster up the energy（勇気を奮い起し）and the go-get them attitude（絶対に捕まえるという態度）to be able to climb out of it.
- I mean, shoot,（つまり、こんちくしょうめ、）
- Folks were going nuts.（みんな、おかしくなった）
- But we got our way.（しかし、我々は道を切り開いた）

　一方で、オバマ大統領の発言には、口語にしては堅い表現も混じっている。
- I can solve these problems as long as I apply myself.（私が一心に取り組む限り）
- I don't brood on the fact that it doesn't work.（うまくいかないことにはくよくよと悩まない）

D コントラクションやリエゾンの増加。
　I want to が　アイ　ウオンナ、kind of がカインダブ、I am going to が　アイ　ゴナ　のように、発音のコントラクションやリエゾンが多くなる。

E 自己抑制の減少。
　文章と文章の間にポーズを置かない、イントネーションがフラット

Part II. 英語リスニング実践訓練

になる、明瞭に発音しないつぶやきや独り言のような箇所があるなど、フォーマルなスピーチを行うときに比べて、自己抑制の少ない話し方になる。

F 文章が完結しない、または言い直しがある。
- I was ... some people may remember when Bill Clinton was President, ... they were ... the economy went through a very tough time.
- But we got our way ... we found our way through it.

ドリル4 少年の質問に答えるオバマ大統領 1

ある市民集会でオバマ大統領に小学4年生の少年が質問をした場面です。オバマ大統領が少年に呼びかける最初の部分にはどのようなカジュアルな特徴が表れているでしょうか。

[問題] CDを聞いてカジュアルな英語の特徴を観察しましょう。**CD 15**

（解説：次ページ）

[解説]

Obama: Okay, here, here's, there's a young man right here. I'm gonna let him use my special mic. Hey, this is a big guy. Don't go "aww". Come on, man. I mean, this is a . . . What's your name?

・I'm gonna let him use my special mic.
　microphone を省略して "mic" (マイク) という言い方をしている。
・Don't go "aww".
　"aww" は強調の間投詞。Don't go away. と言うつもりだったのかもしれない。
・Come on, man. かなりくだけた呼びかけ。
・I mean, this is a . . . 文章が完結していない。

　この少年は小学校 4 年生の Terrence Scott 君。大統領への質問は "Why people hate you. They supposed to love you." だった。これはいろんな批判を浴びている大統領の痛いところをついた質問だった。

ドリル 5　少年の質問に答えるオバマ大統領 2

[問題] CD を聞いて（ ）を埋めてください。 CD 16

（解答 p. 105）

　Well, now, first of all, I ＿＿＿＿＿＿ president, so not everybody hates me, now, I don't want you to . . . I got ＿＿＿＿＿＿. I want to make sure everybody ＿＿＿＿＿＿, but you know what is true is if you're watching TV lately, it seems like everybody is ＿＿＿＿＿＿ all the time. And I, you know, I think that you got ＿＿＿＿＿＿＿＿＿. Some of it is just what's called politics, where once one party wins, then the other party ＿＿＿＿＿＿＿, to ＿＿＿＿＿＿. Uh, so you shouldn't take it too seri-

Part II. 英語リスニング実践訓練　**103**

ously. And then sometimes, as I said before, people just, I think they're worried _____. A lot of people are losing their jobs right now. A lot of people are losing their health care or they've lost their homes _____ and they're feeling frustrated. And when you're President of United States, you know, ____ _____. That's exactly right. And, you know, _____, and when things are going tough, then, you know, _____ _____, and that's part of the job. But, you know, I'm a pretty tough guy. Are you a tough guy? You look like you're pretty tough and so, you _____ even when folks are criticizing you, because as long as you know you're doing it for other people, all right? So thank you, you're a fine young man. I appreciate you. Give Terrence a big round of applause.

[解答]

　Well, now, first of all, I did get elected president, so not everybody hates me, now, I don't want you to . . . I got a whole lot of votes. I want to make sure everybody understands, but you know what is true is if you're watching TV lately, it seems like everybody is just getting mad all the time. And I, you know, I think that you got to take it with a grain of salt. Some of it is just what's called politics, where once one party wins, then the other party kinda gets, it feels like, needs to poke you a little bit, to keep you on your toes. Uh, so you shouldn't take it too seriously. And then sometimes, as I said before, people just, I think they're worried about their own lives. A lot of people are losing their jobs right now. A lot of people are losing their health care or they've lost their homes to foreclosure and they're feeling frustrated. And when you're President of United States, you know, you've gotta deal with all of that. That's exactly right. And, you know, you get some of the credit when things go good, and when things are going tough, then, you know, you're gonna get some of the blame, and that's part of the job. But, you know, I'm a pretty tough guy. Are you a tough guy? You look like you're pretty tough and so, you just gotta keep on going even when folks are criticizing you, because as long as you know you're doing it for other people, all right? So thank you, you're a fine young man. I appreciate you. Give Terrence a big round of applause.

[和訳]

　そうだね。さて、まず、ぼくは大統領に選ばれたんだから、みんなが憎んでいるわけじゃない。そこで、君にはそうして (思って) ほしくないんだが . . . ぼくはたくさんの票を獲得したんだ。みんなにそこのところをわかってほしいけれど、確かに最近テレビを見ていると、みんながいつも怒っているみたいだね。それで、ね、多少割り引いて聞く必要があると思うよ。いわゆる政治っていうやつは、一つの政党が勝つと、他方が、何と言うか、ちょっとつついてやらなきゃって思うんだな。気を緩めさせてはいけないっ

てね。ああ、だからあんまり深刻に思っちゃいけない。それで、ときには...前も言ったように、人々はただ、自分たちの生活のことを心配していると思うんだ。今、たくさんの人たちが仕事を失っている。たくさんの人が医療をだんだん受けられなくなっているし、自分の家を差し押さえられて、いら立っている。アメリカの大統領になると、あのね、そういうこと全部を何とかしなくちゃいけない。まったくその通りなんだ。それで、ね、ものごとがうまくいったら手柄になるけれど、うまくいかなくなると責められるんだよ。それもこの仕事の一部なんだ。しかし、ね、ぼくはかなり強い男さ。君は強い男かい？ 君はかなり強そうだね。だから、みんなが君を批判するときでも、前に進んで行かなくちゃいけないんだよ。だって、自分はほかの人のためにやっているんだって思うなら、そうだろ？ どうもありがとう。君はいい子だ。ありがとう。テレンス君に大きな拍手を。

ドリル6　子どもの話し方

　Track 17 には、親しいお友達と海水浴に行った 10 歳の少女のおしゃべりが入っています。少女は、自分が着替えをしているときに面白いことがあったとはしゃぎながら話しています。Emilia は友達の名前です。

問題 CD を聞いて何が起こったかを 100 字程度の日本語でまとめてください。**CD 17**　　　　　　　　　　　　　　（解答例：次ページ）

[解答例]

　海水浴を終え、浜辺のパークウェイで着替えをしていたところ、タオルで隠してくれていた友達が、早めにタオルを外したために、裸をよその人に見られて恥ずかしかった。車に乗っていた3人が指を差して笑った。

[原文]

　See, I was getting changed, people. I was getting changed. I was getting, shut your . . . . I'm trying to speak. You are being a bad person again. I was trying to peacefully get changed. And my relying companion, Emilia, was holding a towel so nobody could see me. I just took off my togs and I was about to put my undies on, and I was in the fully nude, people. I was fully nude and I was just about to put my pants on and Emilia thought I was finished, so she walked away, toddling away happily with the towel and I'm naked in the middle of the parkway in the nude! And it was embarrassing and there were three people in a car pointing at me, laughing. And it was very embarrassing. And I was calling to Emilia, "come here, come here." And she said, "What? Aren't you done?" And "I'm not. I'm in the nude. Can't you see my buttocks?"

[和訳]

　ね、私、着替えをしていたのよ、皆さん。着替えをしていたの。着替えを...。黙ってて！ 説明をするところなんだから。また悪い子ちゃんするのね。おとなしく着替えをしようと思っていたのよ。それで、頼りになる友達のエミリアが誰にも見られないようにタオルで隠してくれていたの。水着を脱いで、下着をつけようとしていたところだったの、つまり素っ裸だったのよう、皆さん。裸でパンツをはこうとしていたときに、エミリアったらもう終わったと思って、離れたのよ。タオルを持ったまま、うれしそうによちよちと離れたの。パークウェイの真ん中で、私、ヌードになっちゃった。恥ずかしかったわ。だって車に乗っていた3人の人が、私のほ

うを指差して笑っているんだもの。本当に恥ずかしかった。それで、エミリアに「こっちにきて、こっちよ」て叫んだの。そしたら「どうしたの？ まだ済んでなかったの？」っていうから、「まだよ！ おしりが見えないの？」って言ったの。

このスピーチの特徴 子どもの話し方に見られるカジュアル英語の特徴

　この少女はオーストラリアで育っているが、いわゆるオーストラリアのなまりはほとんどなく、ことばがはっきりと発音されている。しかし、興奮して声の高さ（ピッチ）が上がり、勢い込んでせかせか話しているために、聞き取りにくく、周りの人の笑い声や雑音も聞き取りの障害になる。文章構造の破たんしている部分は少なく、きちんとした知的な英語を話しているが、キーワードの口語的な表現を聞き逃すと、ストーリーを把握できなくなる。

- I just took off my togs.
　"togs" はオーストラリアやニュージーランドで用いられる口語で「水着」を指す。

- I was about to put my undies on.
　"undies" は女性の下着を表す口語表現。ここが聞き取れなくても、すぐに "I was just about to put my pants on." が続くので、聞き取りに支障はないだろう。

ドリル7 ビジネス・カンバセーション

会話の背景：
　ビルとエリザベスは国際的な肥料専門商社の日本支社に勤めている。二人は社員であると同時に、家族ぐるみの付き合いをする親しい間柄である。肥料の原材料であるリン鉱石の生産量は中国がトップで世界全体の3割を占める。日本支社は日本市場向けに、12月末までにリン酸アンモニウム

6,000トンを中国から輸入する契約を済ませていたが11月末になって、中国が化学肥料の輸出関税をそれまでの7パーセントから110パーセントに引き上げる動きがあるという情報をつかんだ。

問題 CDを聞いて日本語訳の（　）を埋めましょう。 **CD 18**

（解答 p. 111）

ビル：やあ、エリザベス。あの（　　　　　　　　　　）はどうなると思う？　本当にこんなに（　　　　　）を上げるのかなあ。

エリザベス：たぶんそうでしょ。知っての通り、（　　　　　　　）いるし。たぶん、（　　　　　　　）のが怖いのよ。農民が頭にきて、（　　　　　　　　　　　）しれない。たぶん、国内の消費用に全部取っておこうとしているんでしょう。

ビル：12月末までに6,000トン確保できるかな。

エリザベス：できるはずよ。だって契約書にサインしたんだから。でも、わかんないかな。ほかの輸入業者が（　　　　　　　　　　　　　　　　）いるから。ある商社は（　　　　　　　　　　　　）そうよ。

ビル：それって日本の商社？

エリザベス：そうね、そう思うわ。

ビル：うちも同じようにするほうがいいと思うかい。

エリザベス：たぶん、しょうがないでしょうね。中国は（　　　　　　　　　　　　）。中国がレアアースを売らないといったら、世界中がパニックになったわ。ところで（　　　　　　　　　　　　　　）ほかにないの？

ビル：（　　　　　　　　　　　　）。たぶんペルーにね。

エリザベス：日本向けにペルーから買えるかしら。

ビル：それは無理だよ。コストがかかりすぎる。

エリザベス：でも日本政府は（　　　　　　　　　　　　　　）いるわ。そのために多額のお金を使おうとしている。あの大地震と津波の災害以来、（　　　　　　　　　　　　）。

ビル： その通りだ。国内需要は（　　　　　　　　）。ぜひとも肥料を手に入れようと必死になる。

エリザベス： 今度こそ、日本の農業改革が起こるわね。うちにとっては大きなビジネスになるわ。

ビル： （　　　　　）。

[解答]

ビル：やあ、エリザベス。あの（リン酸アンモニウムの中国との契約）はどうなると思う？　本当にこんなに（関税）を上げるのかなあ。

エリザベス：たぶんそうでしょ。知っての通り、（国内需要が急増して）いるし。たぶん、（肥料がなくなる）のが怖いのよ。農民が頭にきて、（暴力を使って政府に抗議するかも）しれない。たぶん、国内の消費用に全部取っておこうとしているんでしょう。

ビル：12月末までに6,000トン確保できるかな。

エリザベス：できるはずよ。だって契約書にサインしたんだから。でも、わかんないかな。ほかの輸入業者が（必死で欲しいものを手に入れようとして）いるから。ある商社は（中国の輸出業者に謝礼まで払った）そうよ。

ビル：それって日本の商社？

エリザベス：そうね、そう思うわ。

ビル：うちも同じようにするほうがいいと思うかい。

エリザベス：たぶん、しょうがないでしょうね。中国は（どんなことだってやりかねないから）。中国がレアアースを売らないといったら、世界中がパニックになったわ。ところで（リン酸アンモニウムが手に入る有力なところは）ほかにないの？

ビル：（南米にかなり質のいいのがあるよ）。たぶんペルーにね。

エリザベス：日本向けにペルーから買えるかしら。

ビル：それは無理だよ。コストがかかりすぎる。

エリザベス：でも日本政府は（国内の農業生産を増やそうとして）いるわ。そのために多額のお金を使おうとしている。あの大地震と津波の災害以来、（食料安全保障には特に真剣よ）。

ビル：その通りだ。国内需要は（ウナギ登りだろう）。ぜひとも肥料を手に入れようと必死になる。

エリザベス：今度こそ、日本の農業改革が起こるわね。うちにとっては大きなビジネスになるわ。

ビル：（確かに。）

[原文]

Bill: Hey, Elizabeth. What do you think will happen to our contract with China on that ammonium phosphate? Are they really serious about raising tariffs that much?

Elizabeth: I guess so. As you know, their domestic demand is rapidly increasing. They are probably scared that they would run short of fertilizers. Their farmers might get really upset, and go on a violent protest against the government. They're trying to keep them all for domestic consumption, maybe.

Bill: Are we gonna able to secure 6,000 tons by the end of December?

Elizabeth: We should, because we signed the contract, but it's a bit iffy, you know. All the other importers are doing everything, to make sure they get what they want. I hear some of the traders have even paid a premium to Chinese exporters.

Bill: You mean Japanese?

Elizabeth: Yeah, I think so.

Bill: Um. Do you think we should do the same?

Elizabeth: Can't be helped, perhaps. China won't stop at anything. When China said they wouldn't sell the rare earth metals, the whole world was thrown into a panic. By the way, any other promising sources of ammonium phosphate?

Bill: Some pretty good stuff in South America, perhaps in Peru.

Elizabeth: Can we buy some from Peru for Japan?

Bill: No way. It's too costly.

Elizabeth: But the Japanese government is trying to increase domestic agricultural production, aren't they? They're gonna spend a huge amount of money for it. They became especially serious about food security since that big earthquake and Tsunami disaster.

Bill: That's right. Their domestic demand will snowball. They'll be desperate for plant food.

Elizabeth: The Japanese agriculture sector may really get reformed this time. It's gonna be a big business for us.
Bill: I'll bet.

雄太のひとりごと

　オバマ大統領は聞きやすいと思っていたけれど、今日の話し方は就任演説とはずいぶん違った。くだけた表現が多いし、スピードが急に速くなると、クチャクチャと聞こえてしまう。経済の話は内容がわかるから〇×テストには困らなかったけれど、子どもへの話しかけで穴埋めをさせられたのはきつかったなあ。ビジネス・カンバセーションは確かにカジュアルな話し方だけれど、話の筋が見えやすいからまあまあなんとかなった。一番むずかしかったのは子どものおしゃべりだ。まったくお手上げのところがあった。子どもの聞き取りは嫌だな。しかし、リスニング・エージェントの仕事で子どもの英語の聞き取りをするなんてことはあまり考えられないから、当面は大人のカジュアル英語の聞き取りを目標にしよう。

ブラックスワン教官の評価

　直観的な洞察力に優れているので、音が聞き取れないところがあっても内容をつかむことができる。聞き落としたところは前後の情報をつなぎ合わせ、自分の知識を加味して意味をすくい取っている。しかし、カジュアルな英語表現の知識が不足しており、音の特徴にも慣れていないので、今のままでは、大きな誤解をしてしまう可能性がある。リスニング・エージェントとしてはまだまだ修行が必要である。

学習のアドバイス　カジュアルな英語に慣れるためのヒント

　インターネットや映画などを利用すれば、カジュアルな英語を聞くチャンスはいくらでもつくれる。よくわからなくても、ジェスチャーなどの非言語的な情報を手がかりにして意味を想像しながら、たくさん聞く習慣をつければよい。その一方で、聞き取れないところを確認する努力も大切である。映画の DVD には英語のキャプションがついているものが多いので、まず何も見ずに音声だけを聞き、後でキャプションと照らし合わせるとよい。米国公共放送（PBS）の番組 *News Hour* はインターネットで映像と原文の書き起こしを提供している。ディスカッションではカジュアルな話し方になることが多いので、原文と突き合わせて聞けば、音声だけでなく表現の特徴も学ぶことができる。また、ペーパーバックの推理小説などを読むときに、会話部分の表現に注目するのもカジュアルな話し方を学ぶよい方法である。

Lesson 4
ほかの人たちが交わす会話を聞き取る

　今日はほかの人たちが交わす会話を聞き取るときのむずかしさを学ぶ訓練である。*Lesson 3* を受けるとき、雄太はブラックスワン教官に、外国人の同僚と直接話をするときは聞き取りに苦労することがほとんどないのに、その同僚が電話で友人と話を始めると何の話をしているのかわからなくなるという話をした。教官は、雄太が主にフォーマルな話し方の英語を勉強してきたために、カジュアルな英語に慣れていないためだが、さらに、もう一つの理由として、同僚が雄太に向かって話しかけていないことを指摘した。

教官： 英語圏の国で初めてのホームステイに出かけようとする学生は、みんな自分の英語が現地で通じるかどうか不安だと言いますね。「相手の言うことがまったくわからなかったらどうしよう」と深刻に悩む人もいますが、実際に行ってみると「ホームステイ先の人たちがとてもわかりやすい英語を話してくれたのでほとんど不自由することなく、楽しい思い出を作ることができた」ということが多いですね。それは、なぜでしょうか。

雄太： 相手が日本人に合わせてむずかしい単語を使わないとか、ゆっくり話すように心がけてくれるからでしょう。

教官： そうです。あなたが同僚と1対1で話すときに、よく聞き取れるのは、その方があなたに合わせているからです。英語の母語話者が、英語を母語としない人に対するときのものの言い方はフォリナー・トーク（foreigner talk）と呼ばれ、それにはゆっくりとした話し方をする、単語や音節をひとつずつ区切って発音する、キーワードをはっきり言うなどの発音の調整や、使う語彙を限る、代名詞ではなく名詞で表す、ことばの代わりに指差しのようなジェスチャーを使うなどの語彙の調整、省略構文を避ける、短めの文章を使うなどの

　　　　　文法の調整、さらに、相手の発話の確認、自分の発話を相手が理解
　　　　　しているかどうかの確認などの相互交渉的な調整が含まれるとされ
　　　　　ます。
雄太：　へえ、そんなにいろいろと調整してもらっているんですか。
教官：　わかりやすい話し方を心がけると、聞き手の理解を助けることがで
　　　　きますが、やり過ぎると相手が見下されているように感じるので注
　　　　意が必要です。
雄太：　それはありますね。先日、外国人の同僚とすし屋に行ったときに、
　　　　そこのおやじさんが、始終「外人さんだから、こんなことを言って
　　　　もわかるめぇ」と言って、子どもでも相手にするような話し方をす
　　　　るもんだから、彼はすっかり気を悪くしていました。
教官：　ネイティブとノン・ネイティブの間の会話に限らず、人と人のコミュ
　　　　ニケーションでは、相手に好意を抱いている場合はその人に合わせ
　　　　た話し方をしようとするけれど、好意を抱いていないときは、その
　　　　ような配慮をしないと言われています。例えば、若者と高齢者が会
　　　　話をしているときに、若者が相手に好意を感じ敬意を払っていると、
　　　　自然に大きめの声でゆっくりと話そうとしますが、自分にとって重
　　　　要な人ではないという気持ちがあると、普段通りの早口と若者のこ
　　　　とばづかいを通してしまいます。
雄太：　そう言えば、みんながくだけたことばで話しているときに、やたら
　　　　丁寧なことばづかいをする人がいると、わざと距離を置こうとして
　　　　いるみたいで感じが悪いと思うことがありますが、これも相手に合
　　　　わせないということから来ているのですか。
教官：　そうです。相手に合わせた話し方をするかどうかは、ことばよりも
　　　　相手とどのぐらいの距離を持ちたいと思っているかを能弁に表して
　　　　しまうのです。たとえば大阪の人と東京の人が会話をするときに大
　　　　阪の人がずっと関西弁で話しているのに、東京の人のほうがときど
　　　　き関西弁をはさむようなことがあるとすると、そこには東京の人が
　　　　抱く相手とよい関係を築きたいという気持ちが表れていると解釈さ
　　　　れます。

雄太：なるほど。

教官：ですから、自分を好意的に見ているノン・ネイティブが話しかけてくれる英語は聞き取りやすいのです。やさしい単語を使い、はっきりとした発音でゆっくりと話そうと努めますし、こちらがけげんな表情を浮かべたり、首を傾げたり、少しでもわからない様子をすれば、ほかの表現で言い直してくれるでしょう。同じ会社の同僚で信頼関係がある人なら、リスニングで苦労することはないでしょう。しかし、あなたがリスニング・エージェントして聞き取らなければいけない相手は、あなたに好意的であるとは限りませんし、あなたを無視してネイティブ同士が話す内容を聞き取ることも必要になります。この訓練では、日本人が聞いていることなどまったく斟酌しないネイティブ同士の会話の特徴を学ぶことが目標です。

■講義■ 英語を「小耳にはさむ」能力の大切さ

　本書の読者は、1対1で話しかけられたときの聞き取りにはあまり問題を感じないかもしれない。しかし、それだけでは政治やビジネスの場での実践的な聞き取り能力としては不十分である。大勢の人たちが集まってワイワイガヤガヤしている中では、たとえ完璧に聞き取れなくとも、全体的にどのような話が飛び交っているのかを把握できなければ、会話に参加することができない。母語ならば、誰かと会話をしているときでも、隣で交わされている別の会話を「小耳にはさむ」ことができるので、「そろそろあの人にあの話題を出そう」とか「今日は機嫌が悪そうだから、近づかないほうがいいなあ」などの判断をし、適切な行動を取ることができる。もし、大勢の人が集まるパーティやフリー・ディスカッションの場面で、ほかの人たちが交わす会話を「小耳にはさむ」能力がまったくなかったとしたら、自信を持って発言することなど到底かなわないだろう。

　話し方の調整は友好的な関係の1対1の会話でもっとも多くなる。相手が自分に合わせて丁寧な話し方をしてくれるからだ。しかし、一人の話し手が自分を含めた複数の聞き手に向かって話すときは、自分だけのための調整は行われない。もっとも調整が少ないのは、話し手が自分を聞き手だ

とは思っていないとき、つまりほかの人たちの会話を「小耳にはさむ」ときである。

このレッスンでは、あらかじめ用意されたシナリオに沿ったネイティブ・スピーカーと日本人の会話とネイティブ・スピーカー同士の会話、聞き役として参加した日本人に向かってネイティブ・スピーカーが話す自然の会話、さらに、ネイティブ・スピーカー同士の自然の会話を比較しながら、聞き手に対する話し方の調整によってリスニングのむずかしさが変わる様子を学んでほしい。

ドリル1　異文化コミュニケーション１
シナリオに沿った日本人とネイティブ・スピーカーの会話

この部分は、プロのナレーターと英語を話す日本人がシナリオを見ながら行った会話である。

会話の背景：

エリザベスはコンサルタント会社を経営している。東京で始めたビジネスは順調に拡大し、京都にも拠点を置くことになった。エリザベスは、京都生まれで英語が堪能なマリを京都のマネージャーとして雇った。マリは由緒ある名門の家に育ち、地元の財界に知り合いも多い。エリザベスはマリこそ事業を成長させる最良のマネージャーだと思った。

最初のころは順調だった。マリは誠実でよく働き、与えられた指示を忠実にこなし、エリザベスが望めばどんなことでも応えようとした。しかし、次第にエリザベスはマリにいらだちを感じるようになった。二人はしばしばこのような会話を交わした。

問題 CDを聞いて、エリザベスとマリがお互いにいらだちを感じる理由を100字程度でまとめましょう。　CD 19　　　（解答例 p.121）

エリザベス

マリ

[原文]

Elizabeth: How long will it take you to complete the list of potential clients?

Mari: Well, I don't know, but when would you like me to get it done?

E: As soon as possible, of course. How many days do you need?

M: Well . . . It's up to you. I will follow your instructions.

E: You know about it better than I do. You conducted a very good survey, didn't you?

M: Thank you. I'm glad you like it. Didn't I report to you on the results?

E: Yes. I read the results of the questionnaire survey. What I want to know is, who, among the respondents, are really interested in using our consulting services. How would you interpret their responses? You know Japanese culture as well as local business practice here far better than I do. Your opinion is very important to me. I don't want to rush you, but how many days do you need?

M: Yes . . . You are right . . . Then . . . two days.

E: Two days? OK. I will give you one week. All right?

M: Certainly.

[和訳]

E: クライアントになってくれそうな人のリストはいつごろできるかしら？

M: わかりません。でもいつごろまでにすればよいですか？

E: もちろん、できるだけ早く。何日ぐらいあればできる？

M: そうですね...そちらで決めてください。おっしゃるようにします。

E: あなたのほうがよくわかるでしょう。あのすばらしい調査をしたのはあなたなんだから。

M: ありがとうございます。気に入っていただいてよかったです。その結果はご報告しましたよね。

E: ええ。アンケート調査の結果は読みました。私が一番知りたいのは、回答を寄せてくれた人のうち、誰がうちのコンサルタントサービスに関心

を持っているかということです。あの人たちの回答をどう解釈しますか？日本の文化や地元のビジネスのやりかたは、私よりもあなたのほうがご存じでしょう。私にとってあなたの意見はとても大切なんです。急がせるつもりはないけれど、何日ぐらい必要ですか？

M: ええ、そうですね...おっしゃる通りです...それでは...二日。
E: 二日？ わかりました。1週間あげます。それでいいですか？
M: かしこまりました。

[解答例]

エリザベス

> マリにはマネージャーとしてもっと積極的に仕事をしてほしいが、報告書を仕上げる時期を自分で決めようとしない。さらに決断を促すと出まかせを言ってその場を切り抜けようとする。無責任だ。

マリ

> 1週間と決めているのなら、最初からはっきりと指示をすればいいのに。こちらの能力ややる気を試すような質問はしないでほしい。もっとテキパキと指示を出してくれないと、仕事がはかどらない。上司として無責任だ。

[このスピーチの特徴]

　ネイティブ・スピーカーはシナリオに沿って、ひとつひとつの単語を明瞭に発音しており、コントラクションやリエゾンはほとんどない。また "How **long** will it take you to complete the list of potential clients?" / "You conducted a **very** good **survey**, didn't you?" / "What I want to know is, **who**, among the respondents, are really **interested** in using our consulting services." / "How would **you** interpret their responses?" / "You know Japanese culture as well as local business practice here **far** better than I do." / "Your opinion is very **important** to me." のようにキーワードに強勢をおいて、意味が明瞭に伝わるように工夫している。

ドリル 2　異文化コミュニケーション 2
　　　　　　シナリオに沿ったネイティブ・スピーカー同士の会話

　この部分は、二人のプロのナレーターがシナリオを見ながら行った会話である。

会話の背景：
　エリザベスは友人のビルにマリのことを話した。

問題 CD を聞いて下線部を埋めてください。 **CD 20**

（解答 p. 124）

E: Hi, Bill.
B: Hi, Elizabeth. How's your business?
E: Umm, it's going well.
B: How's your new branch manager in Kyoto?
E: Mari?
B: Yeah. You said ＿＿＿＿＿＿＿＿＿＿＿＿．
E: In a sense, yes, but . . .
B: What happened? Any trouble? You were so happy with her, ＿＿＿ ＿＿＿＿＿＿＿＿＿＿＿＿＿＿＿＿＿＿＿＿＿＿．
E: She is doing well, very helpful and she is loyal to me.
B: That's great. Then what's the problem? ＿＿＿＿＿＿＿ as you expected?
E: She is competent. When I asked her to conduct a survey on local business owners about ＿＿＿＿＿＿＿＿＿＿＿＿＿＿ ＿＿＿, she quickly designed an excellent ＿＿＿＿＿＿＿＿ and analyzed the results beautifully.
B: But you didn't like it?
E: Oh, I liked it a lot. So I wanted to make ＿＿＿＿＿＿＿ ＿＿＿＿＿＿＿＿＿＿＿＿＿＿, and asked her how many days

she'd need to do it. But she wouldn't tell me, and she just waited for my instructions. She should know it better than me. She is a Japanese woman, living in Kyoto _____, and she knows Japanese culture and local business practice. Why is she always seeking my instructions? She is kind, she's always smiling, and she just says "Yes" to almost anything I say. Why is she like that?

B: _____?

E: Not really, but sometimes I'm frustrated, because she won't give me her own opinion. I hired her as a branch manager, not as assistant or secretary. I want her to run the Kyoto branch, because I am so busy with businesses in Tokyo. I know _____ _____ of Japanese women, but I've never imagined Mari, a young and active woman speaking good English still believes in that.

B: Well, maybe Mari has her own idea. Perhaps she doesn't understand her role clearly. Have you told her about how you feel?

[解答]

E: Hi, Bill.

B: Hi, Elizabeth. How's your business?

E: Umm, it's going well.

B: How's your new branch manager in Kyoto?

E: Mari?

B: Yeah. You said she is quite a treasure.

E: In a sense, yes, but . . .

B: What happened? Any trouble? You were so happy with her, 'cause she has strong connections with local business magnets.

E: She is doing well, very helpful and she is loyal to me.

B: That's great. Then what's the problem? Not competent as you expected?

E: She is competent. When I asked her to conduct a survey on local business owners about the potential need of consulting services, she quickly designed an excellent questionnaire survey and analyzed the results beautifully.

B: But you didn't like it?

E: Oh, I liked it a lot. So I wanted to make a list of potential clients based on the analysis, and asked her how many days she'd need to do it. But she wouldn't tell me, and she just waited for my instructions. She should know it better than me. She is a Japanese woman, living in Kyoto since she was a child, and she knows Japanese culture and local business practice. Why is she always seeking my instructions? She is kind, she's always smiling, and she just says "Yes" to almost anything I say. Why is she like that?

B: Getting on your nerves?

E: Not really, but sometimes I'm frustrated, because she won't give me her own opinion. I hired her as a branch manager, not as assistant or secretary. I want her to run the Kyoto branch, because I am so busy with businesses in Tokyo. I know obedience and loyalty are traditional virtue of Japanese women, but I've never imagined Mari, a young and active woman speaking good English still believes in that.

B: Well, maybe Mari has her own idea. Perhaps she doesn't understand her role clearly. Have you told her about how you feel?

[和訳]

E: こんにちは、ビル。
B: やあ、エリザベス。ビジネスのほうはどうだい？
E: そうねえ、順調よ。
B: 京都の新しいマネージャーはどう？
E: マリのこと？
B: そう。めったにない逸材だって言ってたよね。
E: ある意味ではねえ、でも...
B: どうしたの？ 何かトラブルでも？ とっても喜んでいたじゃないか、地元のビジネス界の大物とコネがあるからって。
E: とてもよくやってくれているわ。役に立つし、忠実だし。
B: それはすばらしい。じゃあ、何が問題なんだい？ 期待したほど有能じゃなかったとか？
E: 有能ですよ。地元企業のオーナーを対象に、コンサルタントサービスの必要性について調査をするように頼んだら、あっという間にすばらしいアンケート調査をして、その結果も見事に分析してくれたわ。
B: でも、その結果が気に入らなかったのかい？
E: あら、とっても気に入ったわ。だから、その分析に基づいて潜在顧客リストを作ってほしいと思って、何日ぐらいでできるか聞いたのよ。だけどね、答えようとしないの。私が指示するのを待とうとする。そのことについては私よりずっとよくわかっているはずなのに。日本人で、子どものときから京都に住んでいて、日本の文化や地元の商習慣もよく知っている人なのよ。どうしていつも私の指示を求めるのかしら。親切で、いつもニコニコしていて、私が言うことは何でも聞く。なぜそんな風に

するのかしら。
B: かんに障るのかい？
E: そうでもないけれど、ときどきイライラするわ。だって自分の意見を言おうとしないんだもの。支店のマネージャーとして雇ったのよ。アシスタントや秘書じゃない。京都支店は彼女に任せたいの、私は東京のビジネスで忙しいから。従順と忠誠が日本女性の伝統的美徳だということは知っているわ。でも、マリみたいに若くて活動的で、英語が上手な人が今でもそんなことを信じているなんて想像もしなかった。
B: そうだね、マリには何か考えがあるんだろう。たぶん、自分の役割がはっきりわかっていないんじゃないかな。君の気持ちは伝えたの？

このスピーチの特徴

　スピードは1分間に130ワードなので「やや、やさしい」のレベルである。リエゾンやコントラクションは "how's your business" / "'cause" / "she's" / "Why is she like（ホァイジライ）that?" などに見られるが、聞き取りの妨げになるものはない。また、"She is **competent**." / "I like it a **lot**." / "Why is she always seeking **my** instructions?" / "**active** woman" のようにキーワードにはやや誇張した強勢が置かれている。学習者のためのモデル・カンバセーションを意識したプロのナレーターの話し方と言えよう。

ドリル3　異文化コミュニケーション3
　　　　　ネイティブ・スピーカーが日本人に向かって話す自然の会話（1）

　この部分は、プロのナレーターと日本人がシナリオを使わずに行った会話である。

会話の背景:
　ビルとエリザベスが話しているところに、知り合いの佐藤氏がやってきた。

[問題] CDを聞いてネイティブ・スピーカーの話し方の特徴を観察しましょう。 CD 21　　　　　　　　　　　（解説：次ページ）

[原文]

Sato: Hi Bill and Elizabeth, what are you talking about?

Bill: Oh, Sato-san, hi. We're just talking about a new branch manager Elizabeth hired.

Elizabeth: Hi, Sato-san. Well it isn't a serious matter, but we were talking about my new branch manager in Kyoto. You know, she's really great, really efficient . . . erm, don't know, how would you describe the problem, Bill?

Bill: Well, sounds like there is a communication problem. Maybe, maybe they're . . . they both mean well, but they don't understand what each one wants.

[和訳]

Sato: やあ、ビル、エリザベス。何の話をしているんですか？

B: おや、佐藤さん、こんにちは。エリザベスが雇った新しいマネージャーの話をしていたんだよ。

E: こんにちは、佐藤さん。深刻なことじゃないんだけれど、うちの京都支店の新しいマネージャーのことでね。とてもすばらしい人で、てきぱきしているし . . . ビル、どう言ったらいいかしら。

B: どうもコミュニケーションの問題みたいなんだ。たぶん、両方ともよかれと思ってやっているんだろうけれど、お互いに相手が何を望んでいるかわからないんだろうね。

[このスピーチの特徴]

ここではエリザベスもビルも佐藤氏に向かって話をしている。スピードは1分間に135ワードで、「やや、やさしい」のレベルである。ネイティブ・スピーカーは佐藤氏に対して、モデル・ナレーションのときのように、抑揚をつけキーワードを強調した話し方をしており "You know, she's really great, (Yes.) really efficient . . ." のところでは、エリザベスは佐藤氏の "yes" を受けて "really efficient" をゆっくり発音している。ビルに話しか

けたとき ("How would you describe the problem, Bill?") の、抑揚のないぼそぼそとした言い方と比べると、ノン・ネイティブの聞き手に対する配慮を感じさせる。

ドリル4　異文化コミュニケーション4
ネイティブ・スピーカー同士の会話

この部分は、二人のプロ・ナレーターがシナリオを使わずに会話をしている。

会話の背景：
　佐藤氏に事情を説明した後で、ビルはマリへの対応についてエリザベスに質問をした。

問題 CDを聞いて下線部を埋めましょう。 **CD 22**

（解答：次ページ）

Bill: Have you really _____ how you feel?

Elizabeth: Yeah, it's a really good point. You see, my expectation is that she will take the initiative and _____, and I don't really expect her to keep coming back to me and asking me what I want, you know, _____.

Bill: You _____ either.

Elizabeth: That's also true, I don't have the time. I'm doing _____ in Tokyo. So you know, that's what I want is for her _____, but _____ what I want and ask my opinion, and I _____ of everything she does.

[解答]

Bill: Have you really talked to her and explained how you feel?

Elizabeth: Yeah, it's a really good point. You see, my expectation is that she will take the initiative and just get on and do the job, and I don't really expect her to keep coming back to me and asking me what I want, you know, every step of the way.

Bill: You don't really have the time to do that either.

Elizabeth: That's also true, I don't have the time. I'm doing much bigger things up here in Tokyo. So you know, that's what I want is for her to just go ahead and not keep asking me, but she seems to feel the need to keep asking what I want and ask my opinion, and I guess she really is asking for my approval of everything she does.

[和訳]

B: 君がどんなふうに感じているか、話したことはあるのかい？

E: そうね、それはいいポイントね。私は自分でイニシアティブを取って、積極的に仕事をしてもらいたいの。いつも私のところにきて、何でもかんでもたずねるなんてことしてほしくないわ。

B: 君にはそんな時間もないしね。

E: そうなのよ。時間がないのよ。東京でもっと重要なことをしているんだもの。だからね、自分で積極的にやってほしい、私に聞くんじゃなくて。それなのに、どうも、私の望みや意見とかを聞かなきゃいけないみたいに思っているらしくて、たぶん、何をするにも私の承認が欲しいんじゃないかと思うわ。

[このスピーチの特徴]

この部分はビルの質問から始まる。平均スピードは1分間184ワードと「むずかしい」レベルである。最初の質問に対する答えは1分間162ワード「やや、むずかしい」だった。佐藤氏に向かって話をしていたときの130ワードに比べれば速いが、エリザベスは佐藤氏に配慮してわかりやすい表

現と明瞭な発音を心がけていたようだ。ところどころに佐藤氏の "uh-huh" が入っているのが聞こえる。しかし、2番目の質問に対する答えになるとスピードは1分間で211ワードに跳ね上がっている。しかも、"I'm doing much bigger things up here in Tokyo." や "for her to just go ahead and not keep asking me" は、抑揚の少ないフラットな話し方で単語の継ぎ目がほとんどないため、日本人にとっては聞きにくい。佐藤氏がまったく口をはさまなかったので、ノン・ネイティブの聞き手に対する配慮を忘れてしまったのだろう。

ドリル5　異文化コミュニケーション５
ネイティブ・スピーカーが日本人に向かって話すとき（2）

　この部分は、プロ・ナレーターと日本人がシナリオを使わずに会話をしている。

会話の背景：
　エリザベスはマリへの対応について、佐藤氏に質問をしている。

問題 CDを聞いてネイティブ・スピーカーの話し方の特徴を観察しましょう。 **CD 23** 　　　　　　　　　　（解説：次ページ）

[原文]

Elizabeth: So what do you think, Sato-san? Do you think if I coach Mari that she will be able to take more responsibility?

Sato: Yeah, I think so.

Elizabeth: Do you think part of the problem is because she is new to the company?

Sato: Yeah, that's one reason I think. Yes.

Elizabeth: Thank you, that's great advice. So if I take more time and spend more time communicating with her and explaining . . .

Sato: Yes, it's getting better.

Elizabeth: That's great. Thank you so much, both of you.

[和訳]

E: 佐藤さんはどう思われますか？ 私が指導したら、マリはもっと責任を持ってやってくれるようになるかしら。

S: ああ、そう思いますね。

E: 問題のひとつは、まだ会社に入ったばかりだからでしょうか。

S: ああ、それも一つの理由だと思いますよ。

E: ありがとう。とってもよいアドバイスをいただいて。もう少し時間を取ってマリとコミュニケーションをとるようにして、ちゃんと説明したら . . .

S: だんだんよくなりますよ。

E: そうなればいいですね。二人ともありがとう。

[このスピーチの特徴]

　佐藤氏に向かって話し始めるとエリザベスのスピードは1分間に130ワード「やや、やさしい」のレベルに下がった。エリザベスは、相手の反応を見ながら簡単な単語を使い、明瞭に発音するように努めている。ここではビルが口をはさまなかったので、エリザベスは終始、ノン・ネイティブに合わせた話し方をしている。

＊

　このレッスンから、英語を聞き取るための戦略について貴重な教訓を学ぶことができる。互いに友好的な関係であればネイティブ・スピーカーはノン・ネイティブに合わせた話し方をする。したがって、そのときにノン・ネイティブにとって大切なのは聞き手としての自分を相手にアピールすることである。1対1の会話なら特別な努力をする必要はないが、複数のネイティブが同席するときは、ノン・ネイティブの聞き手がいることを話し手に意識させなければならない。自分が積極的に会話に参加するほど、英語のリスニングは容易になる。ネイティブ同士の会話になったときに黙っていると、ネイティブたちはどんどん早口でカジュアルな話し方をするようになり、何を言っているのかわからなくなる。口をはさむチャンスを逸するうちに、ますます話についていけなくなり、やがて会話の輪からはじき出されてしまう。そういうときは、しがみつくように会話についていって、"Pardon?" でも "Sorry?" でも何でもいいから、声を出すこと。相手の言っていることが理解できないのに、うなずいたり、"uh-huh" というような相づちを打ったりして、わかっているふりをするのは最悪である。

　聞き手に対する話し方の調整という視点からリスニングの難易度を見ると、次のようなランク付けをすることができる。

話し方による英語リスニング難易度ランキング

もっともやさしい

⇅

友好的な関係の1対1の会話

友好的な関係のノン・ネイティブが聞くことを意識したナレーション（吹き込み教材）

友好的な関係のノン・ネイティブを含む不特定多数の聞き手がいることを意識したナレーション（アメリカなど多民族国家の元首のスピーチや国内のニュース番組）

友好的な関係だが、聞き手がノン・ネイティブであることに配慮しないネイティブとの1対1の会話

友好的な関係だが、話者が聞き手の中にノン・ネイティブがいることに配慮しないグループでの会話

友好的ではない関係にあるネイティブとの1対1の会話

友好的ではない関係にあるノン・ネイティブが含まれるグループでの会話

ネイティブ向けに用意されたナレーション

自分が聞き手として参加しない場面でネイティブ同士の会話を聞き取ること

もっともむずかしい

　リスニングの難度を下げるためには、相手との友好関係を築き、ノン・ネイティブである聞き手を意識させるようにすることが有効である。友好的な関係であるにもかかわらず、早口でカジュアルな話し方をするときは、聞き手が問題なく理解できると思っている、または、ただ調整するのを忘れているためなので、聞き手が、首をかしげたり、よくわからないというような表情を浮かべたりすれば、わかりやすい話し方に切り替えてくれるだろう。しかし、友好的な関係がない場合は、表情などのサインでは無視される可能性が高いので、積極的に話し方の調整を求めることが必要である。

いちばんむずかしいのは、ネイティブ同士の会話をそばで聞き取るときであろう。自分を聞き手として相手に意識させることができないため、リスニングの難度を下げるすべはない。したがって、聞いていることを相手に知られないように本音を聞き出す英語リスニング・エージェントには最高難度の聞き取り能力が求められる。

雄太のひとりごと

外国人の同僚と直接話をするときはよく聞き取れるのに、その同僚が電話で同国人の友人と話を始めるとちんぷんかんぷんになるのがずっと不思議だったが、その理由がやっとわかった。ノン・ネイティブにはやさしく話すように心がけてくれているということなんだ。ということは、同じノン・ネイティブでも、英語がうまい人に対してはあまり調整はしてくれないってことか。そういえば、英語の達者な先輩が「佐藤君、ネイティブみたいな発音でペラペラしゃべるのが必ずしもいいとはいえない。君みたいな訥弁の方が、聞き取りには有利だよ」と言っていたことがあった。あのときは「ぼくの英語がまずいから嫌みを言っているんだろう」ぐらいにしか考えなかったけれど、もしかしたら本当かもしれないな。それにしても、自分に対してまったく配慮のない発言を聞き取らなければならない英語リスニング・エージェントの仕事はたいへんだ。

ブラックスワン教官の評価

英語リスニング・エージェントの仕事がいかにむずかしいか、よくわかったようだ。リスニングの難易度は、誰が誰に向かって話すかに大きく左右される。状況に柔軟に対応するためには、自分を聞き手として意識させることによってリスニングの難度を下げるテクニックを磨くことも必要だろう。

学習のアドバイス
ほかの人が交わす会話を聞き取るためのヒント

　ネイティブ同士が交わす会話の特徴はスピードの速さとカジュアルな話し方である。スピードの速い英語を聞き取る訓練 (Lesson 1) やカジュアルな英語を聞き取る訓練 (Lesson 4) が有効だ。
　さらに、ビジネスや勉強のためにリスニング力を磨こうとする日本人学習者が心がけるべきことは、ネイティブに対して自分を聞き手として意識させるようなテクニックを身につけることである。タイミングよく聞き返すことができれば、会話から締め出されることはないだろう。理解していないことを表情で示したり、首を傾げたりして、相手に知らせるという非言語的なコミュニケーション能力も大切である。具体的なやり方は、Lesson 5 を参照してほしい。

Lesson 5
音響的な障害（Acoustic Disturbance）のある環境で英語を聞き取る

教官： 今日は、環境の悪い中での英語の聞き取りのコツを学んでいきます。自分の母語の発話であれば、周囲に雑音が多くてうるさくても、話がまったく通じないということはほとんどありませんよね。しかし、それがひとたび外国語となると、一言でも聞き洩らすと全体の意味が取れなくなるということを経験したことはありませんか。

雄太： あります、あります。人がせっかく集中力を高めて、耳をダンボにして聞いているのに、隣で、「ゴホン」なんて咳でもされると、それだけで何が何だかわからなくなるというようなことがあって、本当に困ります。咳なんかするなよって言いたくなりますね。

教官： おそらくそれは、英語を学ぶ日本人がほぼ全員経験していることではないかと思います。その理由はいろいろあるかも知れませんが、主な理由は、以下の二つであると考えられます。

外国語の聞き取りで、音響障害が発話の聞き取りを大幅に妨げる要因
1. 聞こえなかった音を、母語の場合のように頭の中で補って聞き取ることができない。
2. 一語でも聞き取れないとパニックを起こす。

教官： なんだ、そんなことかと思われがちですが、実は、以上の二つが英語を聞き取る上での大きな障害になっていると考えられます。そこで、まずは、この二つの現象がどういうことなのか、ちょっと考えてみましょう。その上で、エクササイズに移りたいと思います。今日もがんばってくださいね。

雄太： はい、がんばります。よろしくお願いします。

Part II. 英語リスニング実践訓練

講義　私たちには欠落音もある程度補って聞く能力がある！

❶ 聞こえなかった音を補って聞くとは

　実は、私たちは、日本語なら、部分的に発話が聞こえていなくても話が通じているということはよくある。例えば、下町の魚屋さんの前を通ると、「えーらっしゃい！」とか、「チワー！」というような威勢のよい声が上がっているのを耳にすることがあるだろう。日本人ならこれを聞いても「えっ、何ですか」と聞き返す人はまずいない。そんなことをしたら、「ンデーンデー、メエサン、ドコノデデエ！　フンナコトーイワレッチャー、チトラ、ケエスコトバモネエゼー」とばかにされてしまいそうである。

　念のためにこの会話を外国人にもわかりやすく書きかえれば以下のようになる。

　　　「エー、いらっしゃい！」
　　　「こんにちはー！」
　　　「何でー、何でー、おまえさん、どこの出だい？　そんなことを言われたんじゃ、こちとら、返すことばもないぜー！」

　これは、日本語の下町言葉の短縮とリエゾンといってもよいのだが、母語であれば、私たちは普通落ちている音も補って聞くことができるということなのだ。ところが、これが外国人なら、日本語の「こんにちは」が、「チワー！」となることがあるというような短縮ルールを知らず、欠けた部分を補って聞くことができないので、"Pardon me?" となってしまうことがあるというわけである。同じことが私たち英語のノン・ネイティブが英語を聞くときにも発生する。こうした短縮・リエゾンによる音の欠落の場合は、短縮とリエゾンによる音の変化のルールを知る必要がある。（p. 64、アメリカ標準英語に見る contraction & Liaison ― 主な特徴などを参照。）

　一方、雑音によって音が聞こえない場合は、聞こえた部分をもとにして、欠落部分を補って聞く必要がある。それは母語であれば、自然にできているのである。例えば、車中の会話のように、電車の走る雑音が混じる中で

も会話はほぼ成り立つ。例えば以下の発話を読んでみよう。電車の中で友人と話す中年女性の言葉である。

「うちのむ〇〇が、この間、めず〇〇〇、ちょっと早くうちに帰って来たのよ。どうしたのかと〇〇〇〇ら、次の日曜に家に〇〇〇って言うの。居るって言ったら、じゃ、〇〇だち連れてくるって言うんじゃない。私、ドキッとしちゃって。でもね、いざとなったら、誰？　とも聞けなくてねえ。〇〇〇〇相手を連れてくるんじゃないかって、お〇〇さんと話してるのよ。最近どうもあの子、ちょっと変だったから。いい〇〇だといいんだけど」

　この程度の欠落があっても、意味はだいたい取れたのではないだろうか。それは母語だと自然に常識をもとに話を推察できるからだ。ところがそれが英語だと、聞き取れた部分が90パーセント以上で、聞き取れなかったのが数パーセントであっても、まるで聞き取れたのはゼロ・パーセントであるかのように意味が取れないという現象が起こる。
　そのような場合に大事なのは、まず母語ではすでに自然にできていることだと知ることである。日本語では、発話の音に欠落があっても意味は取れていると自覚することである。そして、英語であっても、同じことだと知ることなのである。「何だ。そんなことか」と思うことなかれ。畏れれば「枯れ尾花も幽霊に見える」のだ。英語を畏れることはないということである。
　さらに、日本語の会話でも、大事な内容語が聞き取れなかった場合には、相手に「今何と言ったのか」と聞き直すはずである。英語でも大事なことばが聞き取れなかった場合には、遠慮なく、それを聞き返せばよいのであるが、なぜか英語だと聞き返すのが申し訳ないような、恥ずかしいような思いがして聞き直すことができず、もじもじしているうちに、話はどんどん進み、内容についていけないまま、おいてけぼりを食うという日本人が少なくない。コミュニケーションのカギは、大事な部分を聞き落としたと思ったら、間髪をいれずに口をはさむこと、「何と言ったのか」と聞き直す

ことである。
　その場合に、「すみません、今何とおっしゃったのですか」という意味の以下のような表現がすぐ口をついて出るように、練習しておこう。

> Pardon me?
> What was it?
> Say it again?
> What did you say?
> What?

　上のような表現では、どうしてもぶっきらぼうになるのではないかと抵抗感を覚えるのであれば、疑問文式に文末をあげればよい。ずっとソフトに響くので、失礼と思われることはほとんどない。それでも、目上の人を相手に対しては、やはり失礼ではないかと思う人は、"Pardon me?" を使えばよい。誰に対しても失礼のないもっとも丁寧な言い方である。
　自分から積極的に会話に口を出すことも、聞き取りとコミュニケーションの向上には必須の行為であると知ろう。Lesson 4 では、グループで話しているときに、他者同士の会話が聞き取れないとき、一言はさむだけで、自分をノン・ネイティブとして相手に意識させ、相手の話し方をこちらがわかりやすいように変えさせることができることを学んだ。コミュニケーションを成立させるためには、こうした一言を口に出す勇気と努力も必要である。

2　パニックとは

　英語でコミュニケーションをしようとしている場合、なぜか一言でも聞こえないとパニック気味になり、すべてが聞こえなくなるという日本人が少なくない。目の前が真っ白になって、コミュニケーションが成立しないということが起こるのだ。このパニックが最大の問題であるが、パニックを起こす必要はまったくないと知ることで、パニックを回避することができる。

重要なのは、一言二言聞こえなくても、会話全体の意味がわからないということはありえないと知ることである。リラックスして聞けばよい。肝心なのは常に内容語であり、内容語というのは常に、機能語よりはっきり発音されるので、多少周囲に雑音が混じっても、よく聞こえることが多い。聞こえないのはたいてい機能語である。そして、それがたとえ聞こえなくても心配はないと知るだけで、パニックは避けられる。そうと知るだけで、リラックスでき、聞くべき音が聞こえてくるというのは、すべての音を漏れなく聞き取らなくてはならない立場にいる多くの通訳者が語ることである。

ドリル1　オバマ大統領の経済対話

　マイクロフォンが入っていないため、話し手の声が小さく、カメラのフラッシュがたかれる雑音が入っています。

問題 CDを聞いて下線部の単語を埋めましょう。以下に示す固有名詞も聞き取ってください。 **CD 24**

　固有名詞: Dwight Jones, Ms. Shelton　　　　　（解答 p. 143）

I want to acknowledge our _____, _____. Thank you so much for being here. And of course, _____ _____ thanks again to _____. We _____.

　This is really a casual _____, so I hope that we just _____ for a good conversation about where the country is at, _____, _____ folks are feeling _____. I want to hear from you _____

_____ as much as you're hearing from me.

I find this really useful to me because when _____
__ in Washington all the time and _____
_____ , sometimes _____
__ called the bubble. And I'm always doing, um, trying to do what I
can _____ and be able _____
_____ and have a conversation.

[解答]

　I want to acknowledge our mayor, Dwight Jones. Thank you so much for being here. And of course, I've got to say thanks again to Ms. Shelton for being here. We are graced by your presence.

　This is really a casual setting, so I hope that we just open it up for a good conversation about where the country is at, where it's going, how folks are feeling down here in Richmond. I want to hear from you at least as much as you're hearing from me.

　I find this really useful to me because when you're in Washington all the time and you're in these battles, sometimes you're in what's called the bubble. And I'm always doing, um, trying to do what I can to break out of it and be able to get back with folks and have a conversation.

[和訳]

　ドゥワイト・ジョーンズ市長にお礼を言いたいと思います。本日はここにお越しくださいましてありがとうございます。またシェルトンさんがおいでくださったことに改めて感謝します。ご参加いただいて光栄です。
　これは本当に気楽な集まりなので、この国が今どこにあるのか、これからどこに進もうとしているのか、ここに住む人たちがどのような気持ちなのかについてよい会話ができるよう、自由に話していただければと思います。
　これは本当に私にとって役に立ちます。いつもワシントンにいて、こういう闘争に明け暮れていると、ときどき、いわば地に足がつかないような感じになることがあります。私はいつも、そこから抜け出し、人々のところに戻って会話ができるようにと心がけています。

[聞き取りのコツ]

　このスピーチは、会場で話し始めた大統領にマイクが渡される前の部分

Part II. 英語リスニング実践訓練　143

で、音がかなり小さい。耳をすまさなければ聞き取れないが、神経を集中すれば聞き取れないことはない部分である。フラッシュの音もさほど気にならなくなる。難聴者向けの補聴器では、雑音を含めて周辺のすべての音が同じレベルで集音されるので、高齢者などが補聴器を嫌うという話はよく聞くが、それに比べると人間の耳は、まことによくできていて、ある程度、本人が聞き取ろうとした音だけを聞くことができる。したがって、このような雑音の入った会話も、ある程度聞き取りが可能である。集中力を高めて、耳を傾けてみよう。

ドリル2　学生座談会

　会話に参加しているのは、日本人学生のマリナ、韓国人学生のアル、カンボジアから来たセレイである。マリナが、日本への留学を外国人の友人に薦めるかどうかを質問し、留学生がそれに答えている。

問題 CDを聞いて、以下の記述が正しいかどうか○か×で答えましょう。**CD 25**　　　　　　　　　　　　　　　　　　（解答 p. 146）

1. アルは、韓国人は、日本に留学するなら、両国の間の複雑な歴史について理解した上で、来るべきだと言う。（　）
2. アルは、まだ日本と韓国との関係は、近くて遠い国だと言う。（　）
3. アルは、アジアの学生だけでなく、西欧の学生もアジアの文化を知るべきだと言う。（　）
4. アルが日本への留学を進めた二人の韓国人留学生が、間もなく日本にやってくると言う。（　）
5. マリナには、2年前、韓国人の友人がいたが、日本のことをよく知っているし、浜崎あゆみの写真をコンピューターの壁紙として使っていたので驚いたと言う。（　）
6. マリナは、特に韓国の女の子の間では、日本の歌やドラマの人気があるが、男子は無関心だと言う。（　）
7. アルは、韓国で、日本文化が解禁になったのは、2010年ごろで、それ

までは禁じられていたと言う。（　）
8. アルは、韓国では2002年の日韓共催のサッカー・ワールドカップ以来、日本文化への関心は薄れていると言う。（　）
9. セレイは、日本は、カンボジアとかなり違うので、慣れるまで最初は苦労したと言う。（　）
10. セレイは、カンボジア人がアメリカやヨーロッパに行っても、初めから彼らの行動になじむことはできないだろうと言う。（　）
11. セレイは、西欧人は、はっきりものをいうが、日本人は逆にあいまいなので困ると言う。（　）
12. セレイは、道にごみを捨てないなど、カンボジア人には、日本人のお行儀のよさを見習ってもらいたいと言う。（　）

【解答】

1	2	3	4	5	6	7	8	9	10	11	12
○	×	○	×	○	×	×	×	×	○	×	○

ドリル3 学生座談会

【問題】 再び、Track 25 を聞いて下線部の単語を埋めましょう。 **CD 25**

（解答 p. 149）

Marina: How about Miss Aru? Do you recommend, would you recommend your friends to?

Aru: Yeah, I think _____ to study in Japan for my Korean friend and other non-Japanese friend, yeah. Actually, the Korean and Japanese, there are a lot of complicated _____ _____, so I think for the Koreans, they should, they should understand about that thing, those things, because nowadays you, you said, as you said, the Koreans and Japanese are _____ _____ these days, so we should, yeah, understand about it. So, actually, I recommended to my friend, two of my friends to study in Japan, so they are studying in Japan now. So and, they are, they are being accustomed to Japanese _____ _____ too, so I think it's very _____. And not only the _____, the Western students too, I think they should, they should understand about the Asian cultures, not the Japanese and Korean students too. I think it's _____ _____ to study in Japan.

Marina: I had a Korean girl friend two years ago, but she _____ _____ and I was surprised to learn that she is well, very accustomed to Japanese culture because _____ of her computer was Ayu. Hamasaki Ayumi, Japanese singer and she had many, many, Japanese _____ in her, bookstand.

146

And so I was very surprised to see that. Is there many Korean girls who love Japan and who want to become _____ ____?

Aru: Yeah, yeah, There, I think there are a lot a lot of _____ _____. And actually, the Japanese culture _____ _____ until 2001 or 2002 maybe, I don't remember, but before _____. After then, it was open and we can we can experience the Japanese culture in Korea too. The Japanese songs and Japanese _____ and Japanese _____. So, and, after then, they are really interested in the Japanese cultures and travelled a lot in Japan and meet, to meet Japanese people who comes to Korea, yeah. I think, yeah, the young, yeah, the younger generation are really interested in Japanese culture. (Voice: Interesting.) Yeah, especially in Arashi or . . . (Laughter, Voices: Boys band, etc.) they love them.

Marina: How about Mr. Serey? Would you recommend your friends to come Japan?

Serey: Yes, of course I would. The first _____ is that Japan is not too different. The first, if a person, if my friend want to _____ to _____, I would recommend somewhere in Asia, like Japan, first, because the first experience going abroad is very _____. If we __ _____ go to America or Europe country, we may not be able to _____, because they are too open. They _____ they think is _____ ___. They, they are, I think, more direct than Asian people. So maybe we cannot stand that. But Japan, Japanese people, think a lot about at the part, I mean the other people's _____, so it is a good country to come to. And, and, also a lot of people in Cambodia do not, I mean, they are not _____ what

they are doing is _____, sometimes. For example, __
_____ on the streets or something, they think, some
of them still do that, even today. But I want them to see people in
Japan.

【解答】

Marina: How about Miss Aru? Do you recommend, would you recommend your friends to?

Aru: Yeah, I think <u>I would recommend</u> to study in Japan for my Korean friend and other non-Japanese friend, yeah. Actually, the Korean and Japanese, there are a lot of complicated <u>historical things</u>, so I think for the Koreans, they should, they should understand about that thing, those things, because nowadays you, you said, as you said, the Koreans and Japanese are <u>really closer</u> these days, so we should, yeah, understand about it. So, actually I recommended to my friend, two of my friends to study in Japan, so they are studying in Japan now. So and, they are, they are being accustomed to Japanese <u>culture and language</u> too, so I think it's very <u>nice things</u>. And not only the <u>Asian students</u>, the Western students too, I think they should, they should understand about the Asian cultures, not the Japanese and Korean students too. I think it's <u>a very nice thing</u> to study in Japan.

Marina: I had a Korean girl friend two years ago, but she <u>went back to Korea</u> and I was surprised to learn that she is well, very accustomed to Japanese culture because <u>the top page</u> of her computer was Ayu. Hamasaki Ayumi, Japanese singer and she had many, many Japanese <u>magazines</u> in her bookstand. And so I was very surprised to see that. Is there many Korean girls who love Japan and who want to become <u>Japanese singers</u>?

Aru: Yeah, yeah, I think there are a lot a lot of <u>Korean girls, and guys too</u>. And actually, the Japanese culture <u>was prohibited</u> until 2001 or 2002 maybe, I don't remember, but before <u>the World Cup 2002</u>. After then, it was open and we can we can experience the Japanese culture in Korea too. The Japanese songs and Japanese <u>dramas</u> and Japanese <u>movies</u>. So, and, after then, they are really interested in the Japanese cultures and travelled a lot in Japan and meet, to meet Japanese people who comes to

Korea, yeah. I think, yeah, the young, yeah, the younger generation are really interested in Japanese culture. (Voice: Interesting.) Yeah, especially, in Arashi or ... (Laughter, Voices: Boys band, etc.) they love them.

Marina: How about Mr. Serey? Would you recommend your friends to come Japan?

Serey: Yes, of course I would. The first reason is that Japan is not too different. The first, if a person, if my friend want to go abroad to pursue his or her study, I would recommend somewhere in Asia, like Japan, first, because the first experience going abroad is very important. If we Cambodian people go to America or Europe country, we may not be able to stand their behaviors, because they are too open. They say things they think is right. They, they are, I think, more direct than Asian people. So maybe we cannot stand that. But Japan, Japanese people ah think a lot about, at the part, I mean the other people's feelings, so it is a good country to come to. And, and, also a lot of people in Cambodia do not, I mean, they are not conscious about what they are doing is right or wrong, sometimes. For example, littering garbage on the streets or something, they think, some of them still do that, even today. But I want them to see people in Japan.

[和訳]

マリナ： アルさん、どう？ 友人に日本への留学を薦めますか。

アル： ええ、韓国人やほかの友人に日本への留学を薦めますね。実際には、韓国と日本の間には、いろいろと複雑な歴史があるので、韓国人は、そのことを理解しておくべきだとは思いますね。さっきあなたがおっしゃったように、最近は韓国と日本はかなり近くなっていますから、そのことも理解しておくべきですよね。実はすでに韓国の友人二人に日本への留学を薦めたんです。二人はすでに日本に来ています。二人は日本の文化やことばにも慣れてきているし、よいことだと思います。だから、私は、

日本への留学はとてもいいと思います。アジア人学生だけでなく、西欧人の学生にもよいですよね。西欧人もアジアの文化を知るべきだと思います。日本人や韓国人学生だけでなくてね。日本への留学はとてもいいことだと思います。

マリナ： 私には2年ほど前、韓国人の女友達がいたんですが、彼女は韓国へ帰りましたが、日本の文化にとてもよく慣れ親しんでいて驚きました。コンピューターの壁紙に、日本の歌手の浜崎あゆみの写真を使っているほどでした。たくさんの日本の雑誌も本棚に持ってました。ですから、とてもびっくりしました。韓国には日本が大好きで、日本で歌手になりたいなんて女の子がいっぱいいるのかしら。

アル： ええ、いますよ。たくさんいると思う。男の子の中にもね。実際には、日本文化は、2001年か2002年くらいまで韓国では禁止されていました。正確に覚えていないけど、2002年のサッカー・ワールドカップ前のことです。でもその後は解禁になり、韓国でも日本文化に触れられるようになりました。日本の歌やドラマや映画です。ですから、それ以来、日本の文化に関心を持つ人が増え、日本へ旅行に来たり、日本から韓国へくる日本人との交流も増えたと思います。ええ、若い人たち、若い世代は、本当に日本文化にすごく関心を持ってますよ。特に「嵐」とか、大好きですね。

マリナ： セレイさん、どうですか。友人に日本への留学を薦めますか。

セレイ： はい、もちろん、薦めます。まずは、日本は（カンボジアと）そんなに違う国じゃないからです。ぼくの友人が留学したいというなら、まずは日本のようなアジアの国に来るべきだと思うんです。カンボジア人がアメリカやヨーロッパに行っても、彼らの行動にはなじめないんじゃないかな。はっきりしすぎていますから。正しいと思ったことははっきりそういうでしょ。アジア人よりはっきりものを言うと思うんです。だから、われわれにはちょっとなじめないところがありますよ。でも日本、日本人は、人のことよく考えますよね、人の気持ちを。だから留学にはよい国だと思います。それと、カンボジア人は、あんまり考えて行動しないところがあるんですよ。何が正しく、何が間違っているかってね。

例えば、道端にゴミを捨てるとか。だからまだ捨てる人がいるんですよね、今でも。だからカンボジア人に日本人の行動を見てもらいたいんです。

聞き取りのコツ

　学生同士の会話であるが初対面の間柄なので、極端にカジュアルではない。しかし、自然な会話である。ノン・ネイティブ同士が英語でコミュニケーションをしている。コーヒーカップと皿の触れる音や周辺の音など、かなりの雑音が入っている。会話の途中に、相づちや笑い声が入っていて、聞きづらい部分もあるが、会話の内容を聞き取るのはそれほどむずかしくはない。雑音のために聞こえにくい音に耳をすますより、肝心な内容語に集中するとよい。また、「あー」や「えー」などのフィラー音も、頭の中で排除しながら聞けば、内容は理解できるはずである。

雄太のひとりごと

　けっこう、集中力を高めれば、雑音の中でも英語が聞き取れるものだなあ。われながらびっくりした。今までは、ちょっとでもまわりがうるさかったり、雑音が入ったりすると、とても集中できなかったけど、日本語ならやっているじゃないかという説明は、非常に説得力があったなあ。できると言われて、その気になれたのは初めてだ。それに、人間の耳は補聴器とは違うという説明も、すごく納得したなあ。
　とにかく、かなり集中力を高めることができたのは、うれしかった。ちょっと自信がついたな。

ブラックスワン教官の評価

　当初、こちらの説明には懐疑的であったが、日本語では本来できているのだという説明に説得力があったようだ。懐疑心が解けてからは、積極的に集中して訓練に取り組んだ。それからは、かなりの成果を上げたと言えるだろう。雑音というものは、気になり出したら、非常に気になるものだが、集中力を高めることで、あまり気にならなくなるものなのだ。この説明は、科学的に証明されてはいないが、雄太はこれを素直に受け止め、能力の向上に役立ててくれそうだ。雑音と集中力の関係については、今後さらに研究が進むことが望まれる。

学習のアドバイス
雑音の中での聞き取り能力向上のためのヒント

　雑音は、気にしだすと、ますます気になる種類のものである。外国語の場合は、特にその傾向が強い。完全にすべての音を聞き取らなければならないと、固く思い込んでいることが、聞き落としたときの焦りにつながり、パニックを起こして聞こえているものも理解できないという現象が起きやすい。それを認識し、パニックにおちいる必要はないと知ることが、落ち着いて聞くことにつながる。

　聞き落とした部分も、ある程度全体の話の流れで推察できるということを知ることが大切だ。人間の話は文脈の中で理解されるということを理解しよう。文脈とは木や森のようなものである。個々の音は、枝や葉である。枝葉末節ばかりに気を取られていると、木も森も見えなくなる。

　ある程度常識を働かせることも、英語の聞き取り理解の向上につながる。「個別の音」を一つ一つ聞こうとするのではなく、「話を聞く」という姿勢に、心を切り替えることが大事である。当たり前と思われるこのことが、外国語となると意外とできていないのだ。

　その上で、常に比較的はっきりと発音される内容語に注意して耳を

傾ければよい。その練習ができたら、次には、機能語のコントラクションやリエゾンにも注意しよう。コントラクションとリエゾンのルールを体得することで、雑音で聞こえなくなりやすい枝葉末節も推測が可能になる。

　そして、もちろん、雑音で大事な部分を聞き落したならば、聞き直す勇気と理性が必要である。

Part III

いよいよ現場へ

1. 初めての任務
――記者発表を聞き取って報告せよ

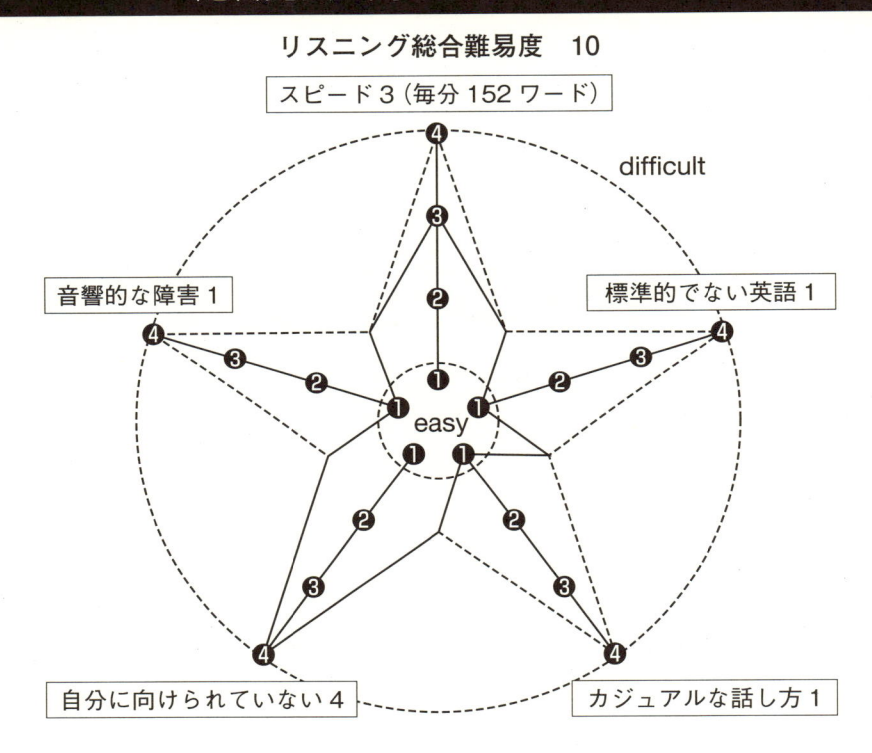

リスニング総合難易度　10

スピード3（毎分152ワード）

音響的な障害1

標準的でない英語1

自分に向けられていない4

カジュアルな話し方1

difficult

easy

　年初来、アメリカ政府の予算がなかなかまとまらない。議会がオバマ政権の予算を承認しないのだ。あと30時間以内に政府提出の予算案が議会で成立しなければ、連邦政府が閉鎖されてしまう。オバマ大統領は、雇用や教育、新たな研究開発活動など社会生活はもちろんのこと、せっかく、やや持ち直す兆しを見せ始めたアメリカ経済全体にも重大な影響を与えると、民主・共和両党の協議を前進させるべく、努力しているようだ。

　雄太の会社は、アメリカの政府調達にかかわる企業に部品を納めているXX社からの依頼で、しばらく前から情報収集をしてきた。このクラ

イアントが事業を継続できるかどうかは、アメリカ政府の予算が成立するかどうかにかかっている。時間内に予算が成立せず、その状況が長引くようなら、提携米企業との事業をご破算にして、別の手を打たなければならないため、クライアントにとっても、この問題は単なる他国の問題ではない。

任務命令

　XX社は、中規模ながらボールベアリングの分野では世界有数の企業であり、世界シェアの60％を持つ。宇宙開発の分野で使用される製品も作ってきた。アメリカの最先端技術の分野で、これも小粒ながら政府調達の実績がある優良企業と提携し、アメリカでのシェアを拡大してきたのだが、今年はなかなかアメリカの連邦予算がまとまらない。下手をすれば、クリントン政権以来の連邦政府閉鎖もありうるという状況である。

　そんなことになれば、XX社の業績にも大きくダメージを与えかねない。そのような事態を回避するためには、いち早く適切な手を打たなければならないが、それには、正確な情報が必要だ。しかし、アメリカは、やはり日本からは遠いし、社内の人材だけでは情報収集がむずかしい。そこで、このところ、この業界で業績をあげているわが社に白羽の矢が立った。

　そこで君の任務だが、直ちにアメリカに飛び、必要かつ十分な関連情報を入手することに努めてもらいたい。その上で、適切な情報分析を実施し、速やかに報告するように。幸運を祈る。

　この命令を受け、雄太はしばらく前からワシントンに来ている。議会での予算審議の行方など状況把握に当たってきたが、予算審議の時間切れまであと30時間を切り、切羽詰まりつつあるクライアントからは、新情報の催促が矢継ぎ早に来ている。そこへ、オバマ大統領が予算協議の経過について記者会見をするとの情報が流れた。雄太は、ケーブルテレ

ビで生放送された大統領の演説に、真剣に耳を傾けた。直ちに、クライアントへ状況を報告するためである。

ドリル1

[問題] CDを聞き、その要点を箇条書きにし、佐藤氏になったつもりでXX社への報告書を書いてみましょう。 **CD 26** （解答例 p. 162）

ドリル2

[問題] CDを聞き、以下の記述が正しいかどうか○か×で答えましょう。
CD 26 （解答 p. 160）

1. 大統領は、ベーナー下院議長（共和党）とリード民主党院内総務との話し合いがまとまりそうだ、と言った。（ ）
2. 大統領は、ベーナー下院議長（共和党）とリード民主党院内総務と今しがた再度協議した、と述べた。（ ）
3. 大統領は、今晩は協議に進展はなかった、と述べた。（ ）
4. 大統領は、今夜の協議でいくらかの進展はあったが、まだ意見の食い違いは残っていると述べた。（ ）
5. 大統領は、スタッフが明日また協議を再開する、と述べた。（ ）
6. 大統領は、まだ民主・共和両党の間で見解の相違は残っているが、それは明日の協議で合意できると楽観視している、と述べた。（ ）
7. 大統領は、楽観はできないが、今日は昨日より協議が進展した、と述べた。（ ）
8. 大統領は、政府の閉鎖は避けられる、と述べた。（ ）

9. 大統領は、政府閉鎖となれば、全国で働く800万人の連邦職員が給料を受け取れなくなる、と述べた。（　）
10. 大統領は、また、連邦政府からのサービスを受けられない人が何百万人と出る、と述べた。（　）
11. 大統領は、政府が閉鎖されても中小企業への影響は出ない、と述べた。（　）
12. 大統領は、連邦住宅管理局だけは引き続き住宅ローン保険を提供できる、と述べた。（　）
13. 大統領は、政府の閉鎖は、それでなくても最悪のアメリカ経済に悪影響を及ぼし、80万人の失業増につながる、と述べた。（　）
14. 大統領は、13ヵ月間雇用が増大し、累計で180万人の雇用が増えた、と述べた。（　）
15. 大統領は、明日朝には予算合意が成立するだろう、と述べた。（　）
16. 大統領は、明日には政府閉鎖は回避されたと国民に発表したい、と述べた。（　）
17. 大統領は、すべての予算項目で一律予算削減を予想する、と述べた。（　）
18. 大統領は、支出を歳入以内に抑える方向へ進むような予算の成立を望む、と述べた。（　）
19. 大統領は、アメリカの長期的競争力を確保するためには、教育や技術革新、研究開発への投資が必要、と述べた。（　）
20. 大統領は、明日には予算合意が成立すると確信している、と述べた。（　）

[解答]

1	2	3	4	5	6	7	8	9	10	11	12	13	14	15	16	17	18	19	20
×	○	×	○	×	×	○	×	×	○	×	×	×	○	×	○	×	○	○	×

[原文]

I just completed another meeting with Speaker Boehner and Leader Reid, and I wanted to report again to the American people that we made some additional progress this evening. I think the staffs of both the House and the Senate, as well as the White House staff, have been working very hard to try to narrow the differences. We made some progress today. Those differences have been narrowed. And so once again the staff is going to be working tonight around the clock in order to see if we can finally close a deal.

But there is still a few issues that are outstanding. They're difficult issues. They're important to both sides. And so I'm not yet prepared to express wild optimism. But I think we are further along today than we were yesterday.

I want to reiterate to people why this is so important. We're now less than 30 hours away from the government shutting down. That means, first of all, 800,000 families — our neighbors, our friends, who are working hard all across the country in a whole variety of functions — they suddenly are not allowed to come to work. It also means that they're not getting a paycheck. That obviously has a tremendous impact.

You then have millions more people who end up being impacted because they're not getting the services from the federal government that are important to them. So small businesses aren't seeing their loans processed. Folks who want to get a mortgage through the FHA may not be able to get it, and obviously that's not good as weak as this housing market is. You've got people who are trying to get a passport for a trip that they've been planning for a long time — they may not be able to do that. So millions more people will be significantly inconvenienced; in some ways, they may end up actually seeing money lost or opportunities lost because of a government shutdown.

And then finally, there's going to be an effect on the economy overall. Earlier today one of our nation's top economists said — and I'm quoting here — "The economic damage from a government shutdown would mount very quickly. And the longer it dragged on, the greater the odds of a renewed recession."

We've been working very hard over the last two years to get this economy back on its feet. We've now seen 13 months of job growth; a hundred — 1.8 million new jobs. We had the best report, jobs report, that we'd seen in a very long time just this past Friday. For us to go backwards because Washington couldn't get its act together is unacceptable.

So, again: 800,000 federal workers and their families impacted; millions of people who are reliant on government services not getting those services — businesses, farmers, veterans; and finally, overall impact on the economy that could end up severely hampering our recovery and our ability to put people back to work.

That's what's at stake. That's why it's important to the American people. That's why I'm expecting that as a consequence of the good work that's done by our staffs tonight, that we can reach an agreement tomorrow.

But let me just point out one last thing. What I've said to the Speaker and what I've said to Harry Reid is because the machinery of the shutdown is necessarily starting to move, I expect an answer in the morning. And my hope is, is that I'll be able to announce to the American people sometime relatively early in the day that a shutdown has been averted, that a deal has been completed that has very meaningful cuts in a wide variety of categories, that helps us move in the direction of living within our means, but preserves our investments in things like education and innovation, research, that are going to be important for our long-term competitiveness.

That's what I hope to be able to announce tomorrow. There's no certainty yet, but I expect an answer sometime early in the day. All right? Thank you very much, everybody.

雄太のひとりごと

今日の大統領は、ずいぶん厳しい顔をしていたな。予算協議に前進はあったと言っていたし、明日には予算合意が成立したと発表したいとも言っていたが、まだ厳しい課題も残っているとも言っていた。the machinery of the shutdown is necessarily starting to move と言っていたが、どういう意味だったんだろう。すでに連邦政府は閉鎖の方向で準備に入ったということではないだろうか。その辺がどうもよくわからなかったなあ。それに、記者会見なのに一方的に自分の発言をするだけで、記者からの質問は一切受け付けずに引っ込んだし、事態はかなり緊迫しているのではないだろうか。

とにかく、今の大統領の発表を要約して、早く本社に報告しなくちゃ。

この大統領の記者会見を受け、佐藤雄太は、直ちにその内容をまとめ、本社に報告した。

佐藤雄太の報告書

アメリカ大統領記者会見に関する報告

本日午後3時よりホワイトハウス記者会見場にて、アメリカ大統領自身による連邦予算協議の途中経過に関する発表がありました。以下その内容の概要をご報告申し上げます。

- 予算協議は間断なく続けられている様子で、大統領は、本日も民主・共和両党の代表と会談を行い、予算協議においてある一定の進展があったと述べた。
- 明朝までの合意をめざして上下両院およびホワイトハウスのスタッフが鋭意努力しているが、およそ30時間以内に議会が政府予算案を承認しなければ、連邦予算の執行が滞り、政府窓口は閉鎖を余儀なくされると警告した。
- 政府窓口が閉鎖となれば、全国80万人におよぶ連邦職員に影響が出るばかりか、市民サービスの提供が停止され、中小企業への融資も滞ることになる。FHA・連邦住宅管理局（Federal Housing Administration）を通しての住宅ローンが借りられなくなる国民も急増する。
- このままは、過去2年間の経済回復の努力が水泡に帰し、この13ヵ月で生まれた180万の新規雇用も失われるという事態にもなりかねず、アメリカ経済全体にも甚大な影響を及ぼす。国内最高峰のエコノミストも、「政府の閉鎖は、直ちにアメリカ経済に影響を及ぼし、閉鎖が長引けば、再びリセッションに逆戻りする可能性が高まる」と警告しているという。
- 大統領は、議会に対し、こうした事態を招くような怠慢は許されない、明朝までに広範な予算項目での削減に合意しつつ、予算合意をまとめるように求めていると述べた。
- ただし、アメリカの長期的な競争力確保のためには、教育や技術革新、研究開発などへの予算削減は回避すべきであるとも釘を刺した。

以上のような大統領の会見内容でした。大統領は、「アメリカの長期的な競争力強化のための技術革新」の重要性に言及していることから、XX社の関連する先端技術への予算は、温存されることが期待されますが、事態の進展は予断を許さない状況だと言わざるをえません。し

たがって、XX 社におかれましては、万が一のことを想定して次善の対策を実施すべくご用意いただくことが肝要かと存じます。

APPROVED

後日談

　佐藤氏の報告書を読んだ XX 社の社長は、アメリカでの予算削減項目に自社が関係する最先端技術の開発が入らないことを期待しつつも、佐藤氏の提言通り、二正面作戦を実施することとして、別途ドイツ企業との提携を探った。おかげで新たなパートナー関係が成立した。アメリカでは、その後、予算が期限内に成立し、自社の技術提携も予定通り進んだが、ドイツ企業との新たな提携は、会社にとって未知の分野での発展につながることとなった。

　社長は、佐藤氏の提言を大いに喜び、佐藤氏には特別ボーナスが支払われた。

2. 大富豪に近づけるか
──孫娘の望みを突きとめよ

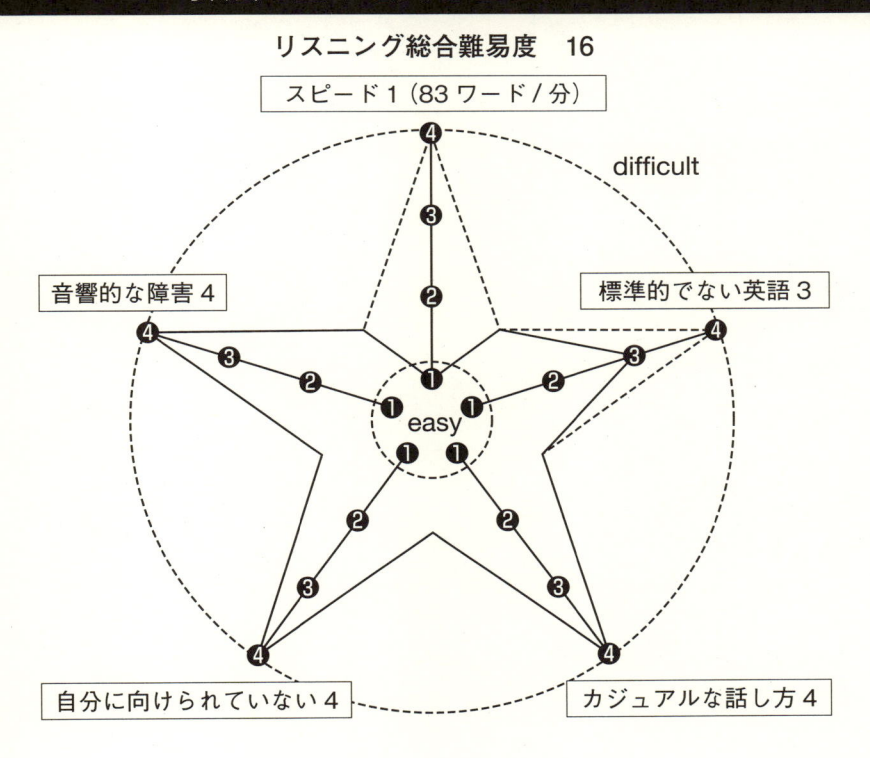

リスニング総合難易度　16

スピード1（83ワード/分）

difficult

音響的な障害4

標準的でない英語3

easy

自分に向けられていない4

カジュアルな話し方4

　これだけは避けたいと思っていた任務がついに舞い込んでしまった。「10歳の少女のおしゃべりを聞き取って報告せよ」。これは、オバマ大統領の演説よりもよほど手ごわい。雄太は子どもの相手が苦手だ。男の子ならまだしも女の子になると何を言い出すか皆目見当もつかない。しかも相手は英語をしゃべる外国人の少女だ。雄太は暗澹とした思いで任務命令に目を走らせた。それは雄太の会社にとって長年の優良得意先である日本企業A社からの依頼だった。

Part III. いよいよ現場へ

任務命令

　Ａ社はアメリカの大手企業Ｂ社が新しく立ち上げるプロジェクトに参入することを強く希望している。Ｂ社は現在の会長が学生時代に起こした同族会社で、ある特殊な技術分野で世界的な成功を収めている。しかし、その経営体質は古く、今もなお、経営方針に関する重要な意思決定は会長が握っている。Ａ社は、さまざまなつてを通じてＢ社の幹部に接近し、交渉を重ねた末、契約を勝ち得る一歩手前まで来ていた。しかし、どうしても会長に会うことができない。どうやら、会長には日本人に対する不信感があり、大事なプロジェクトの一角を日本企業が担うということに二の足を踏んでいるようだ。頼りとする橋渡し役の幹部もさじを投げた格好で、Ａ社の社長はいら立っていた。

　ところが、その後、冷徹な人間として知られる会長に人知れぬ泣きどころがあることがわかった。会長は妻や子どもを含めまわりの人間にけっして感情の揺れを見せないが、ただ一人の孫娘イザベラだけは目の中に入れても痛くないほどかわいがっているというのだ。イザベラは今年10歳。愛くるしく才気煥発、かつ極めて繊細で感受性が高く、気に入らない者にはけっして打ちとけない。母親は慕っているが、父親にはなつかない。しかも母親は舅に当たる会長と犬猿の仲だ。今年もイザベラの誕生日が近付き、会長は少女が喜ぶようなプレゼントをしたいのだが、それを聞き出すすべがなく困り果てている。

　さて、来月、Ｂ社は創立50周年記念のパーティを開き、企業の重役や社員、取引先の代表だけでなく家族も同席することになっている。Ｂ社の幹部の働きでＡ社の社長も参加が許され、会長と直接話ができる、またとない機会が生まれた。そこで君の任務だが、イザベラの欲しいものを見つけ出し、会長のハートをつかむ切り札をクライアントに提供することにある。イザベラには母親のほかに心を開く人物が一人だけいる。家庭教師の女性だ。その女性には話をつけてあるので協力してくれるだろう。幸運を祈る。

雄太は直ちにイザベラの住むカリフォルニアに飛んだ。家庭教師のアドバイスで、雄太は庭師として大邸宅に潜入することになった。イザベラは家庭教師とともに午後3時からテラスでお茶を飲むことにしていた。そのときに、テラスの下に来れば、庭木の世話をするふりをしながら話を聞くことができるのではないかと言われ、雄太は作業着に麦わら帽、手には花ばさみと熊手といういでたちで任務に赴いた。だが、その日に限ってイザベラはいつもより早くお茶が飲みたいと言い出し、雄太が到着したときにはすでに二人の会話が始まっていた。しかも、普段はいない母親も一緒だったので、雄太は正体がばれやしないかと冷や汗をかいた。

ドリル

[問題] CDを聞き、クライアントの役に立つような報告書を300字以内にまとめてください。 **CD 27**　　　　　　（解答例：次ページ）

報告書

[解答例]

　イザベラは今、ファンシー・マウスというペットに夢中で、実際に3匹のマウスを飼っている。クリーム色と灰色がかった茶色の毛色が混じっているのがナッティ。黒毛はチャコール、白毛に黒の斑点のあるのがパッチと名付けられている。マウスは4層のケージの中で飼育されており、イザベラはときどき外に出して肩にのせたり、手の上を這わせたりして遊んでいる。水や餌の世話やケージの掃除は他人に任せず、イザベラが自分でしている。なお、召使い以外でこのことを知っているのは母親と家庭教師の女性だけである。

[原文]

Tutor: What are their names?

Isabel: Well, we have three mice. We have three mice. One's sort of white with black dots, and one fully black, like a really silky black color, and one is cream with sort of grey brown color. And we call the grey brown one, we call him Nutty. And we call the black one, the silky black one, we called him Charcoal, and the one that has the black dots is Patch. So altogether it's Charcoal, Nutty and Patch.

Tutor: That's very nice. Can I take pictures of them with you?

Isabel: Yeah. We bought a four-storey cage for them to play and they actually go up and down the ladders. They like sleeping in toilet paper rolls and xxx and we gave them this food bowl and this thing to drink out of.

Tutor: Yeah, that's very big.

Isabel: And they like holding on to you, even if you have them on your shoulder they won't get off.

Tutor: Okay.

Isabel: Now get the next one. Right now I'm holding Nutty. This is Nutty.

Tutor: This is Nutty. One thing is that the light's coming from the back.

Isabel: I'll get Charcoal.

Tutor: Is it very easy to keep them?

Isabel: Yes, it's really easy. All you have to do is, all you have to do is, all you have to do is put more food and water in their cage every week and clean their cage and then that's about it, unless you want to love them.

Tutor: Yeah, that's very important right?

Isabel: Yes.

Tutor: That's very cute. When did they come to your home?

Mom: 5 days ago?

Isabel: 3 . . .

Mom: It was the day before Grandpa's birthday, 27th of November.

Tutor: Who named them?

Isabel: Me and mommy. And if you want to pick them up, you either . . . you either let them crawl on to you, or get them like this, or get them like this and slide them on, or you can hold them by the tail. Do you want to see them again? You let them crawl on to your hand, or you get them like this, or you hold them by the tail.

Tutor: By the tail. Oh . . . they are OK?!

Isabel: Yeah, it doesn't hurt them, they're very used to it.

[和訳]

家庭教師： 名前は何て言うの？

イザベラ： あのね、マウスを3匹飼っているのよ。3匹よ。一匹は白くて黒の斑点があるの。もう一匹は真っ黒、本当に絹みたいな黒、それからこっちはクリーム色でちょっと灰色がかった茶色が混じっているの。この灰色と茶色のがナッティ。黒いのは、絹みたいな黒のはチャコール、黒の斑点があるのがパッチ。チャコール、ナッティ、パッチよ。

家庭教師： すてきね。あなたとマウスの写真撮っていい？

イザベラ： うん。遊べるようにって4階建てのかごを買ってあげたのよ。梯子をあがったり降りたりするわ。トイレットペーパーの中で寝るのが好きなの。これが餌のお椀。こっちはお水を飲むところ。

家庭教師： まあ、ずいぶん大きいのね。

イザベラ： 人にしがみつくのが好きよ。肩にのせても落ちないわ。

家庭教師： そう。

イザベラ： さあ、お次はっと。だっこしているのはナッティ。これがナッティよ。

家庭教師： これがナッティね。ちょっと、逆光なんだけど。

イザベラ： チャコールをつかまえるわ。

家庭教師： 飼うのは簡単なの？

イザベラ： はい。とっても簡単よ。やることといえば、ただ、毎週餌と水をかごに入れておくだけ。かごのお掃除をして、それだけ。かわいがるのは別だけど。

家庭教師： まあ、それがとっても大切じゃないかしら。

イザベラ： はい。

家庭教師： かわいいわね。いつ来たの？

母親： 5日前だったかしら。

イザベラ： 3日...

母親： おじい様の誕生日の11月27日の前の日だったわ。

（イザベラの表情が一瞬、暗くなる）

家庭教師： 誰が名前をつけたの？

イザベラ： 私とお母さんです。つかまえたかったら、こっちにのぼってこさせてもいいし、こんな風にしてもいいし、身体の上を滑らせても、しっぽをつかんでもいいの。もう一度見たい？ 手の上にのぼらせるとか、こんなふうにつかまえたり、しっぽをつかんだり。

家庭教師： しっぽをつかむのね、まあ、大丈夫なの？

イザベラ： けがはしないわ、慣れているから。

> **雄太のひとりごと**
>
> 　心配したけれど、案外簡単だった。少し離れていたし、こちらは庭木の剪定もしなきゃいけないから、ところどころ聞き取れないところもあったけれど、単純なものが好きで助かった。深窓のご令嬢といっても、普通の子どもと変わらないじゃないか。マウスを肩にのせて楽しそうにしていたし、マウスのことを聞かれると本当にうれしそうにはしゃいでいた。そんなに変わった子のようには見えなかったけれど、祖父の話が出たときは一瞬表情が暗くなったような気がした。大金持ちの家族にはいろいろと複雑な事情があるんだろう。あの子には、いつも今日のような笑顔を浮かべていてほしいなあ。

後日談

　佐藤氏の報告書を読んだA社の社長は、パーティでB社の会長に挨拶したおりに、イザベラがマウスをかわいがっているという話を持ち出した。会長は「わしの孫が、クラシックバレエでもバイオリンでもフランス語のレッスンでもなく、ネズミに夢中だというのかね」と、やや憤然とした表情を浮かべたが、すぐに部屋の隅に隠れていたイザベラのところに行き「ナッティは元気かい？　今日もチャコールやパッチと遊んだの？」と話しかけた。すると、青ざめたイザベラの頬に赤みがさし、目が輝いた。イザベラは「どうして知っているの？　おじい様もマウスがお好きなの？」と言った。会長にとって久しぶりに見る孫のうれしそうな顔だった。会長はA社の社長を振り返り「いい話を持ってくれてきたね。これからイザベラとマウスの話をしたいんだが、君も一緒にどうかね」と言い、バラの咲き乱れるテラスのテーブルにいざなった。そのパーティに出ていた多くの人たちは、日本人嫌いで知られる会長が最愛の孫娘をそばに座らせ、日本企業の社長と親しげにことばを交わす様子を目撃した。その後、A社がB社の契約を獲得したことは言うまでもない。

3. 大学の生き残り戦略は留学生の獲得にあり
──留学生の本音を探れ

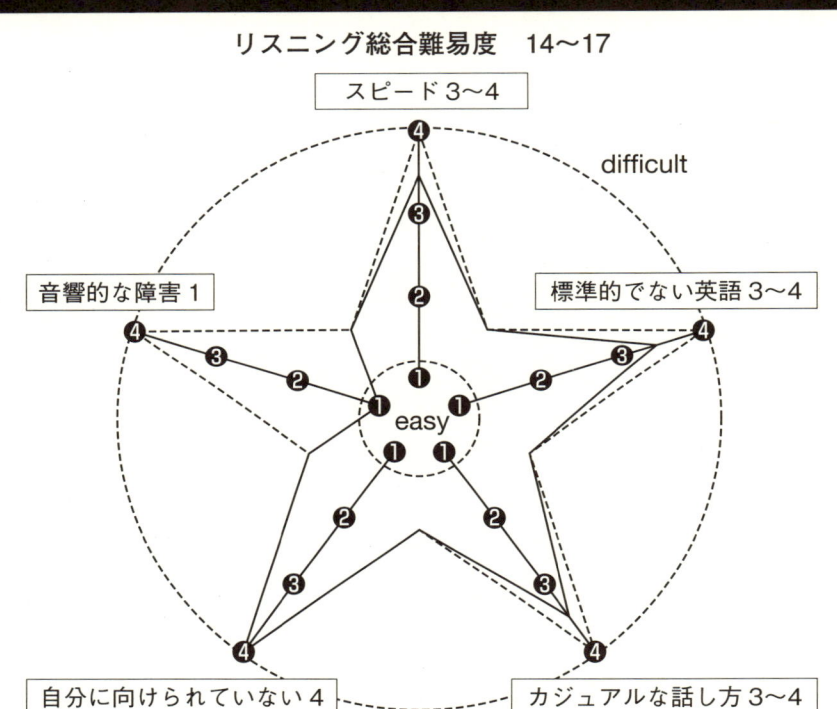

リスニング総合難易度 14〜17

スピード 3〜4

difficult

音響的な障害 1

標準的でない英語 3〜4

easy

自分に向けられていない 4

カジュアルな話し方 3〜4

　日本では、近年の少子化で、各大学は学生獲得にしのぎを削っている。国立大学法人といえども、のほほんとしてはいられないのが実情である。文部科学省によると、18歳人口は平成4年の180万人ほどをピークに右肩下がりに減少し、平成23年には120万人にまで減ると予想されている。このままでは入学人口はじり貧だと、どこの大学も学生獲得に必死である。そこで期待されているのが留学生の獲得であるが、ノウハウのない分野でどう取り組んだらいいか、途方に暮れる大学もあるという。最近も雄太の会社では、YY大学から、どうしたら外国人留学生を増やせるかと相談を持ちかけられ、実情調査を依頼された。

任務命令

　YY大学は、第１次、第２次のベビーブームの時代を通じて学生の人気を集めた有名私立大学であるが、ここ数年、少子化と、学生気質の変化のあおりを受けて、新入生の数が激減している。このままでは、文科省の補助費も受けられなくなる可能性もあるという。

　学内では、学生獲得特別チームを結成し、現状打破の道を探ってきた。その検討の中で浮上したのが留学生獲得作戦の実施であるが、留学生を欧米の提携大学に送り出すことには力を注いできたものの、受け入れている留学生は、交換先の欧米の大学生がほとんどで、その数も少ない。それだけではとても学生数の大幅増加には結びつかない状態である。

　そこで、アジアなど、欧米以外からの留学生も増やす作戦を探ったらどうかという話になったが、なにしろ、これまでの実績はもちろん、そのノウハウもない。また、受け入れ体制そのものについても、どのような体制を整えれば学生にとって満足度の高い留学生活の機会を提供し、教育の成果もあげられるのか、想像もつかないところがある。

　そうした中、この種の調査にも強いと噂の高い当社に注目したわけである。わが社が、某大学のためにも同様の調査を行い、成果を上げたことが漏れ伝わったようだ。わが社の理念は、個々のクライエントのニーズと希望、教育や経営の理念に沿ったアドバイスの提供である。

　そこで、佐藤君の任務だが、直ちに、このクライエントにもっとも適切かつ有効な手法を考案して調査を実施してもらいたい。その上で、効果的と考えられる提言を速やかに報告するように。幸運を祈る。

　雄太は、この調査を命じられてから、いろいろと思案した。さまざまな側面からの調査を進める中で、国内にすでに来ている留学生に、聞き取り調査をしたら、受け入れ留学生の数を増やす上で有効な手段が見いだせるのではないかと思いついた。そこで、さっそくつてを頼って、某有名大学の留学生６人を集め、自由に日本での大学生活や、学校への希

望を議論してもらうことにした。自由な議論のほうが、本音が出てくると踏んだからである。雄太は、知り合いの日本人学生にこのセッションのモデレーターを頼み、自由に話をするよう促してほしいと依頼した。

　一方、自分はこれを別室から聞き取ることとしたが、やはり留学生同士のフリー・ディスカッションは、有効だった。学生たちは、日本での生活体験から大学側へのちょっとした不満まで、自由に語ってくれたからだ。しかし、困ったのは、学生たちの中には、早口で「なまり」のある英語でまくしたてるものがいたり、声が小さくてよく聞き取れない学生がいたりで、聞き取りが予想以上に難題であることだった。雄太は、とにかく必死で耳をすました。

ドリル1

問題 CDを聞いて、以下の記述が正しいかどうか、○か×で答えましょう。 **CD 28**　　　　　　　　　　　　　　　　（解答 p.177）

1. カンボジア人の学生は、大半が日本語がよくわかるので、日本での生活や学習に大きな問題はない。（　）
2. カンボジア人で日本語をよく理解できない留学生には、掲示板の表示のほとんどが日本語だけというのは大きな問題だという。（　）
3. 日本の文化を紹介するプログラムもあるが、お知らせの掲示が日本語だけなので、参加したくても参加できないカンボジア人の留学生がいる。（　）
4. 掲示は、TUFSの外のプログラムについてのものもある。（　）
5. TUFS内のプログラムでも、外のプログラムでも、すべて掲示は英語にすべきだ。（　）
6. 留学生事務所が、責任を持って掲示を英語に翻訳すべきだという留学生もいた。（　）
7. 掲示板を見る時間がないときもあるので、電子メールでもプログラムの情報を学生に知らせてほしいという意見もあった。（　）
8. 大学は、留学生の部屋探しも直接支援してくれている。（　）
9. 大学は、直接留学生の部屋探しを支援はしてくれないし、あまり協力

的ではない、とある学生は不満を述べた。（　）
10. 大学は、部屋を借りるときに保証人になってくれたという学生がいる。（　）
11. 留学生、特に短期留学生は、ほとんど大学の日本語センターで過ごすことが多いと言う。（　）
12. 留学生は寮生活をする場合が多いが、その寮は留学生ばかりであると言う。（　）
13. 留学生の寮には、留学生以外は入れないことになっているが、それはセキュリティの上で、いいことだと留学生たちは考えている。（　）
14. 留学生の寮には、誰でも入れるので、寮で日本人学生との交流も可能だと言う。（　）
15. ほとんどの留学生は日本語を学びにやってきているので、日本人学生も寮に入れるように規則を変えるべきだと言う。（　）
16. 最初の一年間の日本語学習プログラムでも、たくさんの日本人の学生と友達になることは容易だと言う。（　）
17. TUFSは外国語大学であり、すべての学生が外国語を学んでいる。（　）
18. 日本人学生は、外国人留学生とは、交流をしたがらない。（　）
19. 大学の寮のルールに妨げられて、留学生と日本人学生がなかなか交流しにくいのは残念だと留学生は言う。（　）
20. 留学生は、日本の流儀がよくわからない中で、最初は自分から積極的に日本人に話しかけることがむずかしいので、日本人学生にもっと話しかけるとか、積極的に働きかけてもらえたらよかったと思っている。（　）
21. もっと留学生と日本人学生の交流の機会を増やすべきだと言う。（　）
22. 日本人は、留学生に話しかけたりするのは失礼だと思っているようだが、そのようなことはなく、留学生の大半は、話しかけてもらいたいと思っている。（　）
23. TUFSでは、留学生向けのオリエンテーションに日本人学生も招いて、交流をしている。（　）
24. 日本人学生と留学生がともに参加できるようなプログラムを、TUFS

でも年に2回くらいは開いてくれるといいと留学生は思っている。(　)
25. 日本人学生と留学生がともに参加するプログラムは、留学生に日本の生活や教育システムについて情報を提供するオリエンテーションにすると留学生にとっては役に立つ。(　)

[解答]

1	2	3	4	5	6	7	8	9	10
×	○	○	○	×	×	○	×	×	○

11	12	13	14	15	16	17	18	19	20
○	○	×	×	○	×	○	×	○	○

21	22	23	24	25
○	○	×	○	○

[ドリル2]

[問題] CDを聞いて、特に重要だと考えられる留学生たちの要望を3点上げましょう。 **CD 28**　　　　　　　　　　（解答例 p.185）

1.

2.

3.

Part III. いよいよ現場へ

[原文]

Marina: So the last question is, what would you like your university to do better to help improve your living and learning experiences in Japan?

Serey: Can I say something?

Marina: Yeah.

Serey: I don't think it is a big problem to me, but I think it is quite a big problem to some of my Cambodian friend（ママ）who cannot understand Japanese well. Because the problem is that on the bulletin board, most of the notice are written in Japanese only. And some, for example, some programs are introducing Japanese culture or something, some of the notice are written only in Japanese. So, even though some of my friends want to join, attend the program, they don't understand what is written on that. So at least I mean, the student exchange division should write some brief explanation in English, if it isn't . . . Of course the notice is sometime from the outside of TUFS, but the people in TUFS should write a short explanation in English so that we can understand that, what it is going on.

Marina: Other than that?

Aru: I think the office of foreign affairs should notice some information about the event via e-mail too. Sometimes we don't have the time to check some information on bulletin board, so I hope they send me e-mail about some information too.

Marina: Do you get support from TUFS in aspect of living assistance or when you were looking for your room?

Linda: Not directly, but you know, they're really helpful with the, you know . . . The university is the guarantor for me, so I don't have to, you know, I don't have to ask a Japanese person because the university itself watches. OK, I'm a scholarship student so maybe that also has something to do with it, but I think they're very very helpful with this administrative process, like, you know, if I have some problems which I don't know what to do, you know, they'll tell me or tell me you could go here.

But this support is very very good, but this kind of still, I think there's still room for improvement with the, especially the short term exchange students who come to TUFS, you know, because they usually spend much of their time in this language center that we have, the Japanese language center. And, okay, they live in the dorm, but, you know, dorm is for foreign students and I really really, I really dislike that little rule that says, you know, only the people who live in the dorm can enter the dorm.

So basically people from the outside are not allowed to enter the dorm or to come, you know, and I think that's kind of prevents, you know, Japanese people from coming and, you know, just hanging out with the foreign students. And most of them are just here to learn Japanese so it'll be very very good for them to have, you know, someone to speak to and from my last experience as a foreign student, I was in this one year program. I was constantly shut up in this language center, which is great for my Japanese but I really didn't have any chance to speak with the Japanese people because they never came to our building, you know. It was like our little school within the university. So, I made a lot of great friends, like, from other countries but I've made very little friends, you know, with Japanese people.

And from my experience now, is completely the opposite, you know, because I was from the beginning I was in the main building, the research building and I met a lot of Japanese friends and of course the foreign students who are at the same classes as me, but I didn't really go to the Japanese language center. And it's really a shame because, you know, TUFS is a, you know, is a foreign language ... everybody learning foreign language and I assume that the Japanese people also want to contact, you know, the foreigners because, you know, there are so many of them, so I don't know, to create some kind of atmosphere, you know, which to encourage Japanese people also to approach students and you know, to talk to them.

Because, you know, I remember when I first came to Japan, I was kind of, I didn't want to bother, you know, the Japanese and I would be so grateful if some Japanese person come to me and start talking to me. It would have been so much easier for me, you know, if somebody else did the first step because, you know, I felt like, I don't know, not like an intruder, but, you know, it's not my country, I don't know the customs, so you know, I didn't really want to do strange things and maybe insult people.

Nisha: I agree for that point. I think there should be more places of interaction or more opportunities. Recently there was this party for the foreign students organized by TUFS, but I think students who mostly attended were from short-term program. And people like me who are in the main building, we don't even come to know about such events. I just happen to be there because my friend was performing. But otherwise I wouldn't have known about it. And except for the organizers, as in people from the office, I don't think there was any Japanese person there.

So it's kind of sad because the foreign students are coming and, like, it's a wonderful opportunity for interaction. There are performances, there's food, so it could have been a great, great event, and it could have been a great opportunity for the Japanese . . . the Japanese students and foreign students to interact. And also foreign students to interact among themselves, but probably because . . . I don't know how the situation can be improved. Something needs to be done.

Linda: I think this is kind of a personal, not a clash, but, you know, like, both sides are kind of . . . not ashamed but, you know, they kind of don't want to do the first steps, you know, just, everybody's on their own side, you know, and, I don't know, especially the Japanese, because sometimes they think maybe it will be rude if I approach, you know, the foreign students. But, no, no, the foreign student actually wants the Japanese to come to them. We would be just so happy, you know, if somebody, you know, came and talk to us.

Imee: Well, I think it's something that I did when I was in England, Leeds for a year for my exchange program. We had orientation programs. So it would be great if TUFS can organize something similar, that's open to both Japanese students and international students, maybe twice a year, because there are people coming in October and then people coming in April. Then that's a good way. Like a party or something, I mean nothing too wild, but just, you know, tea. But a place of interaction and a just a place to get things going, get things rolling.

And I really miss that, I guess, just orientation in itself is useful to introduce, like, the foreign students to how things are done in Japan and how the education system or, like, the TUFS system is run. I think that will be useful, I don't think I saw any, you know, this kind of orientation event. There was one for, like, clubs and that's great, but I think it will be great for like, something more general, life or education.

[和訳]

マリナ: では、最後の質問ですが、皆さんの日本での留学生活や学習経験を改善するため大学にはどんな点での改善を希望しますか。

セレイ: ちょっと、いいですか。

マリナ: はい、どうぞ。

セレイ: ぼくにとっては大きな問題はありませんが、カンボジアからきている友人の中には日本語がよくわからない人がいますから問題になることがあります。それは掲示版の掲示が日本語だけだということです。例えば、日本文化を紹介するイベントなどがあっても、日本語だけのお知らせなので、行きたくても行けない人がいるんです。読めないですから。ですから少なくとも留学生のために簡単な英語でのお知らせがあるといいですね。時にはお知らせがTUFSの外からのものであることもありま

すが、TUFSからのお知らせは、英語にしたらいいと思います。
マリナ：ほかには？
アル：留学生課は、そうしたイベントのお知らせを電子メールでも送るべきだと思います。掲示版を見る時間がないときもありますから。私にも電子メールしてほしいです。
マリナ：生活面で大学からの支援はありますか。部屋探しとかで。
リンダ：特に直接はありませんが、いろいろ支援してくれています。私の場合、大学が保証人になってくれていますから、だれか日本の人に頼む必要がありませんでした。大学が私を監視しているというか、奨学金をもらっているからよく私の状況がわかっているからかもしれません。いずれにしろ、とても支援が行きとどいていて、わからないことがあればこうすればいい、ああすればいいと、教えてくれます。

　ですから、支援はとてもいいのですが、でもまだ改善の余地はありますね。特に短期の留学生は、ほとんど留学生センターで過ごしています。日本語センターです。それに寮に入っていますけど、あのルールはすごくいやですね。寮に住んでいる人しか中に入っちゃいけないというルールです。だから日本人は中に入れないんです。ほとんどの留学生は日本語を勉強に来ているんですから、日本語を話せる相手がいればすごくいいですよね。でも、私も前回の留学では1年間、寮で暮らしましたが、ずっとこの日本語センターに閉じこもってる感じでした、日本語の勉強にはよかったんですが、日本人と話をするチャンスはほとんどありませんでした。だって、建物には入れないんですから。大学の中に私たちだけの小さな学校ができているという感じでした。ですから、留学生とはずいぶん友達になりましたが、日本の友人はほとんどできませんでした。

　でも今回は、まったく逆です。最初からキャンパスの研究棟に出入りしていますから、たくさんの日本人の友人もできました。もちろん同じクラスに来ている留学生とも友達になりました。でも、ほとんど日本語センターへは行っていません。TUFSは、外国語を学ぶ大学ですから、皆外国語を勉強しています。日本人学生も外国人と触れ合いたいと思っていると思いますよ。留学生はたくさんいるんですから。日本人も留学

生と接しやすいような雰囲気作りが必要ですよね。

　だって、私が初めて日本に来たときには、日本の人に話しかけたら迷惑じゃないかって思ってました。ですから、日本人が話しかけてくれたらいいなって思ってました。だれかが最初に話しかけてくれたらいいのにって。自分が侵入者だとは思いませんでしたが、自分の国じゃないので習慣もわからないし、なんか変なことして、失礼になったりしたくないとかって思ってました。

ニーシャ：私もそうでした。もっと交流の場とか出会いのチャンスがあればいいですね。この間、留学生向けのパーティがあったんですけど、大学がやったんです。でも、出席した人はほとんど短期留学生だったと思います。私みたいにキャンパスのほうにいる留学生は、そういうイベントがあったことすら知らなかったんです。私はたまたま友達がそのパーティで何か出し物をやるというので知ったんですけど、そうじゃなかったら知らなかったと思います。事務所の人以外は、日本人は来なかったと思います。

　ですから、もったいないですよね。留学生が来るし、せっかくの交流のチャンスなのに。出し物もあるし、食べるものも出て、とってもいいイベントになったはずですよね。日本人学生にも留学生にも互いに交流するチャンスだったし、留学生もお互いに知り合うチャンスだったでしょう。どうしたらよくなるかわからないけど、なんとかすべきですよね。

リンダ：これって、一種のすれ違いでしょうね。お互いに恥ずかしいとは言わないけど、ねえ、互いに最初の一歩は踏み出せないでいる。みんな自分の中に引きこもっていて、相手に最初に動いてほしいって思ってる。特に日本人は、話しかけたら悪いかなって思っているみたい。そんなことなくて留学生は、話しかけてほしいと思っているんですよね、話しかけてくれたらうれしいのにって。

アィミー：実は、私がイギリスのリーズに１年間留学していたときにあったことなんですけど、オリエンテーションがあったんです。TUFSでも同じようなオリエンテーションをやればすごくいいなって思いますね。日本人学生にも留学生にもオープンにして、年２回くらい、10月に留学

してくる人もいるじゃないですか。それから4月に来る人も。だからそのときにパーティなんかをやったらいいんじゃないかと思うんですよね。そんな大々的なものじゃなくていいので、お茶会とかで、みんなで交流できるような場を作るんです。最初の出会いの場にするんです。

　あれはほんとによかったと思いますね。オリエンテーションだけでも役に立ちますよね。留学生に日本の習慣を教えるとか、日本の教育はどうなっているとか、TUFSの制度とか教えてあげる。そういうオリエンテーションはなかったと思うんですよね。クラブ活動の紹介みたいのはあったけど、もちろんそれもよかったけど、もっと一般的な生活とか教育制度についてのオリエンテーションがあったらいいですよね。

雄太のひとりごと

　留学生の日本や日本人に対する印象が、おおむね好意的だったのはうれしかったなあ。しかし、本音のところで日本人との付き合いにくさも語ってくれた。彼らの提言の中には、大学が大いに参考にすべき点があり、きっとこの報告書で、クライアントは喜んでくれるだろう。
　ちょっと心配だったのは、リンダの英語の聞き取りだった。とにかく彼女は早口すぎるし、おしゃべりだ。よくもあんなにペラペラしゃべれるな。彼女は英語のネイティブじゃないはずなのに。それに比べてぼくは、話すほうは苦手だよな。とほほ。

佐藤雄太の報告書

　YY大学　留学生獲得のための市場調査結果報告
　ご依頼の情報収集にあたり、今回はTUFSに留学中の諸外国からの留学生など5人に集まってもらい、大学生活について忌憚のない意見を聞きました。学生だけで自由に話し合いをしてもらったので、本音のトークとなり、貴重な情報を入手することができました。以下、そ

の内容についてご報告申し上げます。

・留学生の日本および日本人全般に対する印象は、おおむね良好で、留学生活を有意義だと感じている。日本人の親切さや行き届いた世話は、大学の対応に限らず、行政の対応についても好感がもたれており、留学によって日本の文化や社会に触れる機会を得た学生たちは、勉学の面で成長するばかりでなく、将来的に日本のよき友人になってくれる可能性が高いとみることができる。
・ただし、大学側の対応として、特に以下の点を改善してほしいとの指摘があった。
  1. 日本での生活や大学生活についてのオリエンテーションを実施してほしい。特に、オリエンテーションのときから、日本人学生との交流の場を設けてほしい。
  2. 短期の語学留学の場合であっても、留学生の活動領域を、語学センターや留学生会館等にのみ限定するのではなく、広く日本人学生と交流できる場をたくさん設けてほしい。
  3. 日本での生活に資するような支援があるとありがたい。例えば大学が部屋探しを支援したり、部屋を借りるときの保証人になってくれたりするとありがたい。

　以上の指摘等から、留学生誘致にあたって重要なことは、留学生が日本滞在中、大学での勉学を修める上で必要とする支援を提供するとともに、日本での生活体験、人との交流を深めるための支援が強く求められているということがわかります。
　また、留学生が自国の知り合い等に伝える情報は、日本での生活についても、自分の学ぶ日本の大学の対応についても、かなりのスピードを持って、広く母国に伝わっているようです。その意味では、留学生の口コミの威力は侮れないものがあると認識すべきでしょう。
　留学生誘致を成功させるためには、大学内の留学生センター等の施

設や、留学生寮の整備にあたって、制度やルールによって留学生と日本人学生との交流を阻害することがないよう、細心の配慮が必要です。

APPROVED

後日談

　YY大学では、佐藤雄太の報告、提言を受け、学内の留学生誘致チームを再編成した。同チームには、教職員のみならず、思いきって、日本人学生や留学生、さらには、地域の住民代表をも含めた。コミュニティ全体で留学生を受け入れ、学業と生活を支援する具体的な留学生受け入れ体制の構築に取り組んだのである。

　そのおかげで、物理的な建物や施設の面でも、制度やルールの面でも、学内の日本人学生と留学生、さらにコミュニティとの交流ができるだけオープンに行えるような体制の設計を実現することができた。その後の初年度の留学生は微増であったが、以後、同大学の画期的留学生受け入れ体制については、現代版口コミ・ルートであるフェースブック等のソーシャル・メディアを通じても、急速に情報が伝わり、毎年留学生の数は増えている。

　また、留学生と日本人学生の交流促進は、日本人学生の国際感覚をも育成することに貢献し、学内は、極めて自由で活発な雰囲気に生まれ変わった。

　佐藤雄太はといえば、その調査方法についてのユニークな発想を高く評価され、ますます重要なクライアントの担当を任されるようになっている。

4. パーティに潜入せよ
──産業界の大物がもらした重要情報

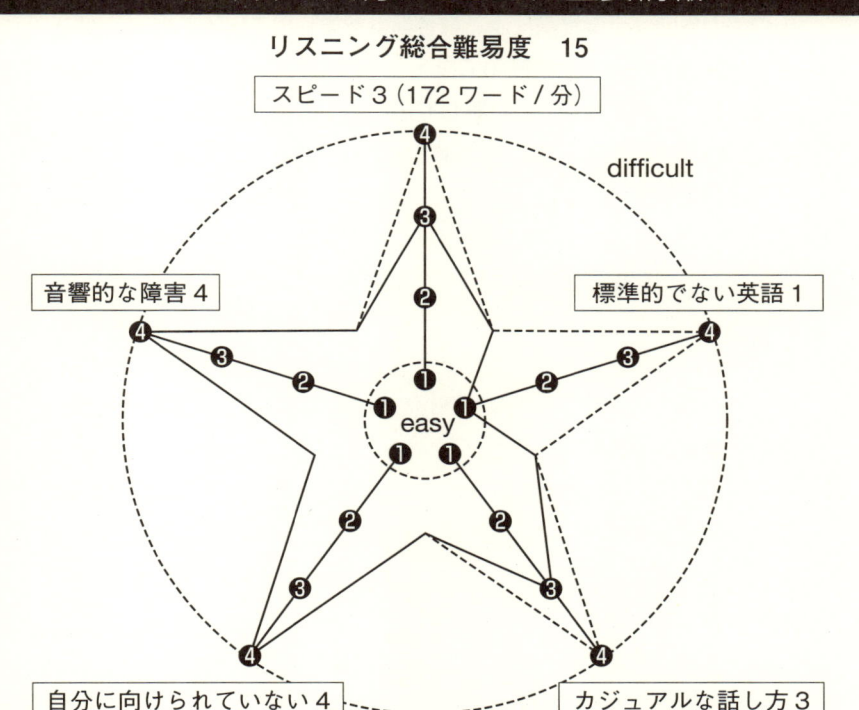

リスニング総合難易度　15
スピード３（172 ワード／分）

difficult

音響的な障害 4

標準的でない英語 1

easy

自分に向けられていない 4

カジュアルな話し方 3

　3件のOJTでまずまずの成果を上げた雄太は、英語リスニング・エージェントとして独り立ちするための最後の関門に挑むことになった。クライアントは、静岡県の梨本工業。社長が雄太の会社の創業者と幼なじみであることから、今度の任務は社長直々の命令である。

任務命令
　梨本工業は、世界トップレベルの汚水浄化装置の技術を持っているが、景気低迷に加え、数年前に進出した中東の政治情勢が不安定化し

Part III. いよいよ現場へ

た影響で受注が減り、資金難にあえいでいる。2週間ほど前、梨本工業は米国のビジネス・コンサルティング会社・CRより「シンガポールの美力集団が企業提携による資金提供を申し出ている」という問い合わせを受けた。美力集団のCEO、Lee氏は、豪腕で知られる実業家である。中国広東省で、計画している汚水浄化施設の建設プロジェクトについて「梨本工業」との提携を望んでいるという話だった。
　社長の梨本氏は、まことにありがたい話だと感じている。成功すれば、梨本の技術力が世界に知れ渡ることになり、会社の業績も一気に好転して不況を乗り切れると期待できるからだ。しかし、美力集団のLee氏がこれまで取引のない梨本工業に白羽の矢を立てたのはなぜか。梨本の技術と経営姿勢を評価したからというだけでは納得できない。そこで、梨本氏はもっとも深い信頼をおくわが社にこの提案に関する調査を依頼してきたのである。
　これまでに入手した情報によれば、近々に東京で開かれる経済産業省主催の「国際水ビジネスセミナー」の折に、梨本氏にこの提案を持ちかけたCR東京支社のMr. Steve AndersonとCRシンガポール支社のMs. Monica Shell氏が会う予定になっている。
　そこで君の任務だが、セミナーの後に開かれるパーティに潜入して、二人の会話からこの提携話に関する情報を聞き取り、梨本工業に近づこうとする美力集団の意図を探ることである。幸運を祈る。

　「自分の知らないビジネス分野の会話を聞き取ることができるだろうか」。雄太は不安だった。「これさえ読んでおけば大丈夫だ」と手渡された資料は電話帳ぐらいの厚みのファイルが3冊。雄太は脳が溶けてしまいそうだと悲鳴を上げながら辛抱強く資料を読みこなし、世界の水ビジネスの背景知識を整理し、専門用語を頭に叩き込んだ。さらに教官のアドバイスに従い、ネイティブ・スピーカーの同僚に頼んで、専門用語や会話に出てきそうな単文をランダムに吹き込んだCDを作ってもらい、音声が瞬時に捉えられるよう訓練した。

この任務は、これまでの3件に比べて困難が予想された。同じ会社に勤めるネイティブ同士がパーティで交わす会話である。スピードは速く、カジュアル度も高い。それを、相当な雑音の中で、小耳にはさまなければいけない。英語リスニング難易度の5軸のうち、4つが確実に最高の4のレベルになると思われる。スティーブがアメリカ人、モニカがイギリス人なので「標準的な英語からの距離」の軸のレベルは高くないと思われるが、彼らの肉声が入った音源を手に入れることができなかったので、実際に聞いてみるまでは安心できない。

　もう一つの問題は、どのようにすれば怪しまれないように二人に近づけるかだ。パーティは大勢の人で混雑するだろうから、誰かがそばにいても不自然ではない。しかし、ほかの人に聞こえるような環境で、彼らが重要なことがらを話し合うとは思えない。もし、何か出てくるとすれば、彼らが壁際に寄るとか、テラスに出るとか、人混みから少し遠ざかったときだろう。離れていては聞こえない。近づけば不審がられる。雄太は頭を悩ませた。

　いよいよ、パーティ当日。雄太は目立たない紺のスーツにさえないネクタイを締め、国際色豊かなパーティに初めて参加し、どぎまぎしている日本人ビジネスマンを装いながら、スティーブとモニカを探した。参加者の大半が日本人なので、外国人を見つけるのに苦労はしなかった。先に到着していたスティーブの近くで、美しいコンパニオンの女性にお世辞を言い、差し出された飲み物のどれにしようかと迷うふりをしているうちに、目の覚めるようなグリーンのスーツに身を包んだモニカがやってきた。

ドリル1

問題 CDの会話を聞いて以下の記述が正しいかどうか、○か×で答えましょう。 **CD 29**　　　　　　　　　　　　（解答 p. 191）

　（注：JBIC: Japan Bank for International Cooperation　国際協力銀行）

1. 中国は水ビジネスに関心を持っている。（　）
2. 国際協力銀行は日本で水ビジネスを始めようとする中国企業をバック

アップしようとしている。（　）
3. 日本は豊富な水資源に恵まれている。（　）
4. 日本企業は新しいビジネスを始めるのには慎重だが、いったん行動に移すと、すばやく確実な目標達成をめざす。（　）
5. 世界の企業は日本での水ビジネスプロジェクトに注目している。（　）
6. 月曜日のセミナーには中国の中央政府の関係者が参加する。（　）
7. 官民金融パートナーシップは新しいビジネスモデルである。（　）

【解答】

1	2	3	4	5	6	7
○	×	○	○	×	×	○

【原文】

Monica: Hi, Steve. Got any news?

Steve: Well, not really. You've heard about that China Water Business Seminar that JBIC is organizing in Osaka on Monday.

Monica: Of course. It looks like China is very enthusiastic about it, too. They are sending the local government's big shots to the seminar. You'll be there, won't you?

Steve: You bet. They say JBIC is trying to promote what they call PPFP, Public Private Financial Partnership. They say it's their new business model. That means they are really all out to back up Japanese companies trying to do water business in China.

Monica: Yes. Everybody is ready to get as big a share as possible in any kind of water project in China nowadays. But Japanese companies are still so slow getting into action.

Steve: Well, that's their nature, very cautious about going into new business, especially about water, seems like.

Monica: I know. Japanese are fortunate. Even tap water tastes good here in Japan and they've got lots of rain and excellent spring water all over the country, they never thought of paying for or selling water.

Steve: That's right. But they are smart business people. And once they get into action, they are quick and firm in pursuing their goals. So you just have to be patient with them. They've got the world's most advanced technologies, too, you know.

【和訳】

モニカ： しばらくね、スティーブ。いい知らせはない？

スティーブ：そうだね、あんまりぱっとしないな。月曜日にJBICが中国水ビジネスセミナーを開くのは聞いているよね。

モニカ：もちろんよ。中国もとっても注目しているみたいね。セミナーには地方政府の大物を送るようよ。あなたも行くんでしょう？

スティーブ：あったりまえだよ。JBICはいわゆるPPFP、官民金融パートナーシップを促進しようとしている。新しいビジネスモデルだそうだ。つまり、中国で水ビジネスを始めようとする日本企業をバックアップする準備ができたということさ。

モニカ：そうね、最近はどこも、中国の水プロジェクトなら何でも、できるかぎり大きなシェアを獲得しようと意欲満々。でも、日本企業はなかなか行動に移そうとしないわ。

スティーブ：まあ、それが彼らの性格だよ。新しいビジネス、特に水ビジネスには慎重なんだろう。

モニカ：それはわかっているわ。日本人は恵まれているのよ。日本では水道の水だっておいしいもの。雨もたくさん降るし、国中に良質な泉がわき出ているから、水を買ったり売ったりすることなんか考えたこともないのでしょう。

スティーブ：その通りだね。しかし、日本人はビジネスの勘がいい。いったん行動にでれば、すばやく確実に目標を追求する。だから、君も辛抱しなくちゃ。知っての通り、彼らは世界でもっとも進んだ技術を持っているんだから。

　会場は、人々の会話や笑い声、BGM、食器やグラスの音などで、想像していた以上に、会話が聞き取りにくい。しかも、予想通り、水ビジネスについての一般的な話ばかりだ。いくらがんばって聞き取ったとしても、クライアントに意味のある情報が提供できるとは思わない。雄太はコンパニオンの女性に笑いかけ、ときどき手招きして飲み物を交換しながら、内心、どうしようかと焦っていた。すると、モニカがスティーブを促して、部屋の奥に飾られた大がかりな生け花のほうに歩きだした。「二人だけで話せる場所を探しているんだ！」。雄太はコンパニオン嬢に

グラスを返すと「すみません。トイレはどこですか」と聞いた。「冷たいものばっかり飲んでいたせいか、腹の具合がどうも...」。人々が失笑をもらすのを背中で聞きながらトイレに駆け込んだ雄太は、すばやく上着を脱ぎ、白のワイシャツに黒の蝶ネクタイという姿になった。そして、ポマードで髪の毛をオールバックになでつけ、黒ぶちの眼鏡に変え、上着を掃除道具の収納庫に隠して会場に戻った。二人はほかの客たちに背中を向けるようにして、モニカは左手に空のワイングラスを持ち、軽く握った右手を頬にあてるようにして、スティーブに話しかけていた。「彼らは何かを話している！」。雄太はきびきびした足取りで飲み物のカウンターに近づき、左腕にナプキンをかけると、ワイングラスを載せたトレーを取った。一刻も早く二人に近づきたい。はやる気持ちを抑えて、雄太は何人かの客にワインを勧めながら、生け花のほうに歩いていった。二人の会話が聞こえ始める。

ドリル2

問題 CDを聞いて、モニカとスティーブの意見を短くまとめましょう。

CD 30 （解答例：次ページ）

モニカの意見

スティーブの意見

[解答例]

モニカの意見

> 梨本工業が美力からの申し出について決定を遅らせている理由がわからない。大きな収益を得るための最良のパートナーを獲得できるよい話のはずだ。

スティーブの意見

> 日本の企業の決断には時間がかかるので辛抱強く待つべきである。

[原文]

Monica: By the way, Steve, any progress with Nashimoto?

Steve: We are trying.

Monica: You've been at it for more than a month. When are they going to decide?

Steve: Well, I'm working on it. You gotta be patient in Japan.

Monica: What's the problem? You said they have one of the best filtering technologies in the world. They should know what sort of profit they can realize in China. And Mei Li would be the best partner for them.

[和訳]

モニカ: ところで、スティーブ、梨本のほうは何か進展はあった？

スティーブ: なんとかしようとやっているところだよ。

モニカ: もう一ヵ月以上になるわ。いつになったら決めるのかしら。

スティーブ: 今、いろいろとやっているところだよ。日本では、忍耐が必要なんだ。

モニカ: 何が問題なの？ 彼らは世界一級の濾過技術を持っているって言ったじゃない。中国に出たらどんなにもうかるかわかっているはずよ。美力は彼らにとって最良のパートナーになるでしょうに。

　二人は、ワインのトレーをもったウェイターが近づき、会話が途切れるタイミングをはかっているのに気がついた。

雄太：空のグラスを頂きましょうか。
モニカ：ありがとう。
雄太：もうお一ついかがですか？
モニカ：そうねえ、じゃあ、今度はロゼにしようかしら。
雄太：お客様はいかがですか？
スティーブ：ぼくは赤ワインにしよう。フルボディのボルドーはあるかな？

　モニカとスティーブはトレーからグラスを取り、会話に戻った。雄太は、2〜3歩離れたところで二人に背中を向け、別の客たちにワインを勧めるウェイターを演じていた。獲物をねらう豹のように聞き耳を立てながら。

ドリル3

問題 CDを聞いて、直ちに電話で伝えなければならない内容を150字以内の報告にまとめましょう。どのような重要情報が聞き取れるでしょうか。 **CD 31**　　　　　　　　　　（解答例：次ページ）

上司への報告

[報告例]

> 美力集団は梨本工業の汚水濾過技術に関心を持っているだけです。技術と経営姿勢を評価しているというのは口実で、梨本氏が期待しているような安定した提携関係を築こうという気はまったくありません。梨本工業は利用されるでしょう。

[原文]

Steve: Well, they are honest and hardworking people, you know.

Monica: What are you talking about? Lee is getting more impatient by the day.

Steve: I just wanna make sure it would be a happy marriage for both of them.

Monica: Oh, c'mon! This is a business deal, Steve, and our job is just to act as a go-between. It's going to be an excellent deal for both of them and for us, too. You gotta know time is money in our business.

Steve: Yeah. But Japanese people believe in building up a business relationship slowly and steadily for long-term success.

Monica: Well, that's their problem, not ours. Like I said, match-making is our business. Unless we get actual deal set up, there'll be no money for us. Lee is a really good client of ours, and he wants their filter technology as quickly as possible. That's all he is interested in. He is not interested in relationship-building! That's just too time-consuming.

[和訳]

スティーブ： 正直で勤勉な人たちだよ。

モニカ： 何を言っているの？ リーは日ごとにいらだってきているわ。

スティーブ： 必ず両者にとって幸せな結婚になるようにしたいだけだよ。

モニカ： まあ、いいかげんにしてよ。これはビジネス取引よ、スティーブ。私たちの仕事は、仲介をすることだけよ。彼らにとっても私たちにとってもすばらしい取引になるわ。われわれのビジネスでは「時は金なり」

だってことをもうちょっと考えたらどうなの。
スティーブ：しかし、日本人はゆっくりと着実なビジネス関係を築くことが長期的な成功につながると信じている。
モニカ：それは、彼らの問題であって、私たちには関係ないわ。さっきも言ったけれど、仲介するのが私たちのビジネスなのよ。取引がまとまらなかったら、こっちには一銭も入ってこない。リーは私たちにとって優良な顧客で、彼が望んでいるのはあちらの濾過技術をできるだけ早く手に入れることだけ。それにしか興味はないのよ。関係を築くなんてどうでもいいのよ。そんな悠長なことやってられないでしょう。

　モニカのことばを聞いた雄太は、驚いて、トレーを落としそうになった。
　（梨本工業の卓越した濾過技術に興味があるだけ...!？ 技術だけいただくってことか...!?）
　雄太は、ゆっくりとした足取りでその場を離れた。できるだけ早くここから脱出しなければならない。雄太は、残りのワインを配り終えるとカウンターにトレーを返し、部屋を出た。そのとき、最初に飲み物を受け取ったコンパニオン嬢とすれ違ったが、彼女はウェイターに変装した雄太に、まったく気がつかない様子だった。
　雄太は会場を離れると、すぐさま、この情報を上司に伝えた。

雄太のひとりごと

　ああ、緊張した。正体を見破られたらどうしようと思ったけれど、うまくいってよかった。パーティ会場はうるさかったなあ。最初は声がとぎれとぎれにしか聞こえなくて、もう無理だと思った。しかし、二人が重要な話を始めたと察知してからは気合が入った。それにしても話している人たちに背中を向けて聞き取るのはきつい。ネコみたいに耳の角度が変わるんだったらいいけれど。あ、それだと聞き耳を立てているのが相手にわかっちゃうからまずいか。「欲しいのは技術だ

け」なんて、口をすべらせたもんだ。おかげで、大金星をあげられた。社長は大喜び。英語リスニング・エージェントってすごい価値があるんだなあ。苦しい訓練に耐えたかいがあった。

後日談

　この情報を得た梨本氏は、「美力集団」からの申し出を断った。梨本工業はきびしい経営を強いられたが、世界トップレベルの技術力を信じて地道な努力を続けた。やがて、中東情勢が落ち着きを取り戻すと、以前の顧客からの注文が戻ってくるようになった。翌年、梨本工業は日本政府が立ち上げた「国際・水ビジネス・パートナーシップ・プロジェクト」の対象企業に選ばれ、本格的な世界進出のきっかけをつかんだ。

5. エピローグ

　雄太はブラックスワン教官の厳しい訓練に耐え、OJT ではクライアントの利益につながる成果を上げた。しかし、英語リスニング・エージェントとして自立するまでの道のりは必ずしも平坦ではなかった。クライアント企業の業種が多岐にわたるため、医学や薬学など高度に専門的な内容を聞き取ることを要求されることも多く、背景情報を頭に叩き込むのが大変だった。現場では、いつも音響的な障害に悩まされ、予期せぬ事態への対応が求められた。指示された相手を間違え、別人の話を聞き取って報告したら、予想以上に重要な情報を知らせてくれたとほめられたこともあれば、ある技術会議では "governor" を「知事」と訳して支離滅裂な報告書を書き、それは制御装置のことだとクライアントに笑われたこともあった。英語リスニング・エージェントの報告は、市場調査を補完するという位置づけであり、それだけでクライアントの判断を左右するほど重大なものではない。しかし、その報告からは、従来の方法では引き出せない人々の本音が読み取れるという評価が次第に定着し、国際ビジネスへの参入を考える中堅企業や組織からの依頼が増えていった。

　最初の一年は無我夢中のうちに過ぎた。いろいろな失敗はあったが、雄太は少しずつ自信をつけ、この仕事にやりがいを感じるようになった。そんなある日、雄太はブラックスワン教官から呼び出しを受けた。何か大きなミスをしたのだろうか。不安が胸をよぎった。

教官： 雄太さん、一年経って、ようやく英語リスニング・エージェントらしくなってきましたね。クライアントの評判も悪くないようですよ。最近の報告書を読ませていただきましたが、なかなかよく書けています。専門用語やなまりの強い英語の聞き取りはまだ少し心配ですが、今後も気を引き締めて自己鍛錬を続ければ、大丈夫だと思いま

Part III. いよいよ現場へ

す。
雄太：ありがとうございます。これも教官のご指導のたまものです。いろいろな失敗もありましたが、教官や会社の上司が温かく見守ってくださって感謝しています。
　　　（よかった！　苦情が出ているという話ではないみたいだ。この前の聞き取りでは "not" が入っているかどうか自信がなくて、最後は目をつぶって報告したんだけれど、勘が当たったみたいだな。すべりこみセーフ！）
教官：最近、英語リスニング・エージェントを希望する顧客が増えていることから、いずれあなた一人では対応しきれなくなるでしょう。そこで、今日は新しい訓練生を紹介します。どうぞお入りください。

　　　ドアを開けて入ってきたのは、すらりとした若い女性だった。雄太は、その長い黒髪と真っ赤なワンピースに包まれた抜群のプロポーションに度肝を抜かれた。
　　　（まるでボンドガールみたいだ...ってことは、ぼくはいよいよ007？　しかし、こんな人に英語リスニング・エージェントのような地味な仕事が務まるんだろうか。第一、隠れて情報を収集するには目立ちすぎる。会社は何を考えているんだろう。それにしても美人だな。だけど、この強情そうな口元には、なんとなく記憶があるような...）

教官：雄太さん。そのポカンとした口をいい加減に閉じなさい。こちらは、サキさん。あなたの後輩です。
サキ：お久しぶりです、佐藤さん。覚えていらっしゃいますか？
雄太：ああ、あの...ぼくもお会いしたことがあるような気がしてたんですが、どこでしたか？
教官：サキさんはあなたが訓練を受けた英語リスニング・クリニックの卒業生です。あそこは個別訓練のはずですが、一緒になることもあったのですか？
サキ：いいえ。訓練でお会いしたことはありません。でも卒業してから5

年ほど経ったころに...
雄太：思い出しました。クリニックを訪ねていったんです。そうしたら、そこにあなたがいた。
サキ：先生方と連絡が取れなくなったので心配になって行ってみたら、私たちが通った古い洋館は跡形もなく、もみの木だけが残っていました。
雄太：ああ、あのときの...あなたは帰国子女でぼくとは訓練の仕方がまるで違っていたとおっしゃっていましたね。
教官：そうだったんですか。
雄太：あの、ひとつ聞いてもいいですか。ぼくが英語リスニング・エージェントとして採用されたのは、英語の聞き取り能力に比べてスピーキングが下手なことに加えて、要領の悪いお人よしのイメージがあって誰にも警戒されないからですよね。サキさんは、英語はうまいし、目立つし、エージェントとしては不向きなんじゃないですか？
教官：そうですね。でも彼女には、あなたにはない適性があります。若さと美貌もまた、相手の警戒心を解く強力な武器になるからです。サキさんは帰国子女ですが、リスニング・エージェントに必要な聞き取り能力はまだまだ不足しています。厳しい訓練に耐える覚悟はできていますか？
サキ：もちろんです。雄太さん、頼りない後輩ですがどうぞよろしくお願いします。あの、教官、私からも一つ聞きたいことがあるんですが。
教官：なんですか？
サキ：この訓練を受けたら何でも聞き取れるようになるんですか？ 例えばベッド・タイム・ストーリーでも？
教官：そうなってもらわないと困ります。でもね、サキさん、ベッド・タイム・ストーリーには、ことばはいらないんじゃなくて？

　サキのコケティッシュな表情と、ブラックスワン教官の謎めいた微笑を見比べながら、思わず、背中がゾクっとする雄太だった。

Part III. いよいよ現場へ

学習のアドバイス

　日本で生まれ育ち、主に国内で生活している英語学習者にとって、英語のリスニング能力の獲得は永遠の課題である。どの語学もそうであるように、教科書と音声教材で基礎的な学習をしたのちは英語圏に移り住み、ネイティブの人たちの間で生活をしなければ、本当に使える英語は身につかないのかもしれない。しかし、そのような機会に恵まれる人が日本の就労人口の何割いるだろうか。世界の産業や経済の動向とまったく無縁で営めるような仕事は縮小するばかりである。自分が英語を教えることなど想像もしなかった小学校の先生たちの例を出すまでもなく、英語の波は私たちの生活に押し寄せ、雇用の機会や富の獲得に影響を与えるようになった。日本人の英語教育をどうするべきかという議論の結論が出るまで待ってはいられない現実を前に、悔しい思いをしている多くの学習者たちがいる。

　本書はそういう人たちの抱える「英語がよく聞き取れない」という悩みを5つの軸で捉え、それぞれの軸に沿ってさまざまなリスニング訓練を提案した。語学は何と言っても継続が力である。外国語の学習はよく楽器の習得にたとえられる。例えば、ピアノの演奏を考えてみよう。左右十本の指をどの鍵盤におけばよいのかがわかっただけでは、美しいメロデイを奏でることはできない。指の位置がわかった上で、一にも、二にも練習が必要なのだ。英語学習も同じである。本書を一通り勉強した人は、ちょうどピアノで言えば、どの指をどの鍵盤におけばどの音が出るかがわかり、ここまでの練習を積んだことでやや演奏の腕は向上しただろう。しかし、その技能を本物にできるかどうかは、練習を継続できるか否かにかかっている。

　本書を読み終えた読者は、これからどのように進めばよいだろうか。ただやみくもにさまざまな音声素材を聞くだけでは効率が悪い。本書で示した5つの軸は、自分自身の今の能力レベルを判断し、それに基づいて弱点を克服するための対策を取る上での準拠枠にできるものである。ちょうど

モノづくりの改善で特定される要素技術のようなものである。一つ一つの要素技術の改善に取り組みつつ、全体の能力を向上させる方向で努力をするなら、より効率よくリスニング・コンプリヘンションを向上させることができるだろう。その観点から以下に今後の学習へのヒントをまとめた。

❶ 今の自分の位置を判断する

まずは、現状把握が重要である。5つの軸の中で、どの軸で自分がつまずいているのか、エクササイズを通して見えてきたはずである。そこで、自分の星マークを書いてみよう。どんな星になるだろうか。全体的に小さな星であるならば、一つ一つの要素技術に順番に取り組むことが必要だが、星がいびつであるならば、引っ込んだ軸に集中して注力すればよい。少しずつ星の5軸が伸びて、大きくバランスのとれた星になるのをめざして、訓練を重ねよう。

❷ 軸ごとの対策
● A. スピード

聞き取り理解力の向上には、スピードだけでなくスピーチの内容に関する知識と、順送りの情報の取り込みと理解のスピードが重要だということを指摘した。幸いなことに、最近はYouTubeなどで、ふんだんに音声教材が手に入る。アメリカ大統領のような公人のスピーチであれば、音声とともに原稿も手に入るサイトがある。それを利用して原稿を入手し、ワープロソフトに貼り付ければ、いちいち数えなくても語数を教えてくれる。録画音声には分数も記されるので、その二つからスピーチの特定部分のスピードを計算することができる。これを利用して、1分間に125ワード程度から200ワード以上まで、徐々にスピードの速いものに挑戦しながら練習を積むとよいだろう。

その一方で、スラッシュ・リスニングも練習できる。ウェブの音声素材は、少しずつ止めながら簡単にスラッシュ・リスニングの練習ができるのだ。大いに利用しよう。

● B. 「なまり」のある英語

インターネットで「なまり」のある音声教材を見つけ、さまざまな英語に挑戦しよう。最初は、ややわかりにくい程度のものから取り組み、徐々にかなりチャレンジングな素材まで対象を広げていくとよいだろう。自分の今までの経験から、聞き取りがむずかしかった国の人の英語を手始めに取り組むとよいだろう。あるいは自分が職場などでしばしば出くわし、聞き取らなければならない特定の国のなまりから挑戦するのもよい。必要に迫られてする勉強は、切実なだけ伸びも速いからだ。One at the time.（一つずつ）という気持ちで、あせらずに取り組むのがよい。継続すれば、気がついたらいろいろな英語を聞き分けられるようになっていたということになるだろう。

「なまり」の決定要因は、母音とイントネーションであることを忘れずに。そして語や句の音の短縮と連結である。これにはストレスのない音節の母音はよく落ちたり、[ə] に短縮される、子音も無声化することが多いといった規則があるので、その規則を思い出そう。しかもそうした短縮・連結することばは、機能語が多いこと、内容語は、ほぼ常に明瞭に発音されるので、細かいところに気を取られずに、内容語に注意をすれば、意味の大方は取れるという安心感を持って英語に耳を傾けよう。

● C. カジュアルな英語

カジュアルな会話の聞き取りがむずかしい理由は、まずは音の短縮やリエゾンである。さらには、you know, you see, ahh, ee など意味のないフィラーが多くなること。大事な情報を発信する内容語に注意を払いつつ、不要なことばは聞き流すことである。

また、カジュアルな英語の聞き取り練習には、映画を楽しんで見聞きすることをお薦めする。大統領の演説には出てこないカジュアルな英語が満載である。しかも、まったくナチュラルに、日常そのままのネイティブの会話を聞く練習ができる。最近は映画の音声や映像とともにスクリプトも入手できる映画教材があるので、そうしたものを活用するのもよい。

カジュアルな会話が多く出てくる英語の小説もお薦めである。探偵小説

や裁判を題材にした物語などには、カジュアルな会話が頻出する。そして、例えば、Did you see it? が didja see it? などと、文字でも発音そのままに表記されることがあるので、どんな音が欠落し、どのような連結や短縮が自然になされるのかが文字で見えてきて参考になる。何より、小説や映画は、楽しみながら学べるところがうれしい。楽しめることは、学習継続のカギでもある。

● D. ほかの人たちが交わす会話

　自分に関係なくほかの人たちが交わす会話が聞き取りにくいのは、当然のことながら、当該の会話の外の人への配慮がないからである。会話の仲間に入れば、その人への配慮も生まれ、新たに会話に加わった人にとっても話の中身は見えてくる。日本語の会話と同じである。パーテイなどでも積極的に人の会話の輪に入るよう心がけることで、会話がわからないということは減るはずである。

　日本人のスピーカーによく見られるのは、どのようにして人の会話の仲間に入ったらいいのかわからず、とまどうことである。何と言って声をかけたらいいのか、割り込むのは失礼ではないかといった配慮から、英語の会話となるとなかなか仲間に入れない。しかし、外国人は、その点が実にうまい。パーテイなどは、知らない同士が知り合う場だと考えられているので、割り込みは当たり前なのだ。少しばかりの勇気と、割り込みのコツがわかれば、案外うまく割り込むことができる。あるいは、初対面の人とも話を始めることができる。

　コツは、気軽に自己紹介することである。"Hi, I'm Yuta Sato from Japan (XX company, etc.)." と、自分から自己紹介をするのである。また、すでに会話をしている二人（もしくはそれ以上）の輪ができているなら、"Hi, can I join you?", "Do you mind my joining you?" などと声をかけて割り込めばいいのである。その輪の話題がわかったら、"Are you talking about the J-plan?" などと、具体的に「私もその話の仲間に入りたい」というシグナルを出して、輪に加わればよいのである。

　純粋に人の会話を輪の外から聞き取らねばならないことも時にはある。

通訳をするときである。パーテイでは、日本語しかわからない自分のボスについて歩き回り、周囲の会話をかいつまんで日本語に通訳する必要があるとか、外国人が半数以上という10数人の大きなテーブルに上司とともに着席し、上司のためにテーブルのあちこちで交わされる英語の会話の中身を、かいつまんで説明するというような役目を担うときであろう。これは、自分に向かって語られるのではない会話の内容を聞き取り、それをサマリー通訳するという作業であるから、かなりの集中力が要求される。あちこちで同時に会話が交わされ、食事の給仕が行われ、人々のフォーク、ナイフの触れ合う音がする中での聞き取りは簡単ではない。しかし、集中力を磨くことで、100％の聞き取りは無理でも、だいたいの会話の内容の理解と、上司への通訳が可能になるだろう。

● E. 音響的な障害のある環境で英語を聞き取る

人と話をしている間にも、まわりでさまざまな雑音が発生するということは、けっして少なくない。純粋培養の生物がばい菌に弱いように、雑音のまったくない環境での外国語学習ばかりしていると、些細な雑音に気を取られて、リスニング・コンプリヘンションに支障をきたしやすくなるのかもしれない。パニックは禁物である。

おわりに

「人生は引き算でなく、足し算で」という賢人のことばがあるが、英語の聞き取りも「1％ 聞き落した」ではなく「99％ は聞き取った」という具合にいきたいものである。そうした心のゆとりがあれば、聞き落とした部分も、日本語でやっているように、意味を補って理解することができるようになる。もし、聞き落とした一言こそが大事なところだと思うのであれば、聞き返せばいいのである。この章では、これからさらに英語の聞き取り能力向上をめざす学習者が練習を続けるためのヒントをまとめた。読者の勇気とやる気を少しでも高めることができたのであれば幸いである。皆さんの5軸の星がさらに拡大して、バランスのとれた美しく大きな星になることを願ってやまない。

あとがき

　最近の脳の発達研究によると、第2言語（外国語）の音声を聞き取る能力の訓練は7歳ぐらいまでがもっとも効果的であるとされています。言うまでもなく、英語のリスニング能力を獲得する最良の方法は、幼少期にたっぷりと英語の音声を聞く環境で過ごすことでしょう。しかし、日本人の英語学習者の圧倒的多数は、英語を勉強したいと思ったときには7歳をはるかに超えた年齢に達しています。ふたりの筆者も例外ではありません。長く地道な努力の積み重ねが実り、同時通訳の仕事ができるまでになりましたが、修行の道に終わりはありません。

　この本では、筆者の学習体験や通訳経験を基に、日本人学習者が遭遇する実践の場での難しさを分析し、5つの軸に沿った訓練を提案しました。音声教材の開発に当たっては、できるだけ自然な発話を録音するために多くの皆さんにご協力いただきました。状況に合わせて即興の会話をしてほしいという無理なお願いにも快く応じてくださったプロナレーターのElizabeth Handoverさんと Bill Sullivanさん、生き生きとしたディスカッションを聞かせてくださった留学生の皆さん、オーストラリアのお宅で録音させていただいたMargaret Priceさんと御嬢さんのIsabelちゃん、ご著書に掲載された音声の使用をお許しいただいたジョセフ・コールマンさんに深く感謝します。また、「最後の任務」のストーリーについてアドバイスを頂いた友人の脚本家、石井美夏さんにもお礼を述べたいと思います。

　そして、企画の段階から、常に的確なご助言をいただいた編集部の佐藤淳さん、煩雑な編集作業をいつも笑顔でこなしてくださった大谷千明さん、本当にありがとうございました。

参考文献

今井由美子・井上球美子・井上聖子・大塚朝美・高谷華・上田洋子・米田信子『Sounds Make Perfect 英語音声学への扉——発音とリスニングを中心に』英宝社、2010.

ウエッジ編「Business Topics 肥料でも資源争奪戦——国内農家への影響は」『ウエッジ』第23巻3号.

篠田顕子・水野的・石黒弓美子・新崎隆子『英語リスニングクリニック』研究社、2000.

ジョセフ・コールマン著、渡辺順子訳『いろんな英語をリスニング』研究社、2008.

橋内武『ディスコース——談話の織りなす世界』くろしお出版、1999.

文部科学省『18歳人口及び高等教育機関への入学者数・進学率等の推移』文部科学省ホームページ、〈http://www.mext.go.jp/a_menu/koutou/shinkou/07021403/〉（2011年7月14日現在）.

八島智子『外国語コミュニケーションの情意と動機——研究と教育の視点』関西大学出版部、2004.

『中国　水ビジネスセミナーを大阪にて開催』国際協力銀行ウェブサイト、〈http://www.jbic.go.jp/ja/about/topics/2010/1214-01/index.html〉（2011年7月14日現在）.

Cook, A., *American Accent Training*, 2nd ed., NY: Barron's, 2000.

Gallois, C., Ogay, T. and Giles, H., "Communication Accommodation Theory: A Look Back and a Look Ahead", in W. B. Gudykunst ed. *Theorizing about Intercultural Communication*. (pp. 121–148), Thousand Oaks, CA: Sage Publications, Inc., 2005.

Lucas, S. E., *The Art of Public Speaking, International Edition*, 7th ed., NY: McGraw-Hill, 2001.

"International Phonetic Alphabet chart for English dialects" Wikipedia. 〈http://en.wikipedia.org/wiki/International_Phonetic_Alphabet_chart_for_English_dialects〉（14 July 2011）.

"The White House Blog" The White House 〈http://www.whitehouse.gov/blog〉（14 July 2011）.

CD 録音・編集・制作

株式会社東京録音

音声 CD 録音協力者 (姓のアルファベット順)

Hak Serey

Elizabeth Handover

Hirose Marina

Ishiguro Yumiko

Linda Kostrencic

Nisha Parameswaran

Margaret Price

Imee Salim

Sato Jun

Areum Seo

Bill Sullivan

Isabel Yamazaki

(本書の CD には、練習のため、わざと聞きづらくしている箇所があります)

〈著者紹介〉
　ともに会議・放送通訳者で、現在、NHKG メディア国際研修室、東海大学エクステンションセンター通訳講座で講師としても活躍している。通訳仲間4人による共著に『英語リスニング・クリニック』、『英語リスニング・クリニック初診者コース』（ともに研究社）、『放送通訳の世界――衛星放送のニュース番組を支える立役者』（アルク新書）がある。

新崎隆子（しんざき　りゅうこ）
　神戸大学文学部卒業。青山学院大学大学院国際政治経済学研究科博士課程修了。国際コミュニケーション博士。公立高校の英語教員を務めたのち、インター・スクールで通訳訓練を受ける。現在、国際会議や NHK 放送番組の通訳を務める傍ら、東京外国語大学大学院や玉川大学などで教鞭を取る。
　著書に『通訳席から世界が見える』（筑摩書房）などがある。

石黒弓美子（いしぐろ　ゆみこ）
　USC（南カリフォルニア大学）米語音声学特別講座修了、UCLA（カリフォルニア大学ロサンジェルス校）言語学科卒業。ISS で同時通訳訓練を受けたのち、会議同時通訳者、NHK 放送通訳者として活躍。また東京外国語大学、青山学院大学非常勤講師を務める。
　監修・共著に、日本通訳協会編『改訂新版通訳教本――英語通訳への道』（大修館書店）などがある。

KENKYUSHA
〈検印省略〉

最強の英語リスニング・実戦ドリル

2011年9月1日　初版発行

著　者　新崎隆子
　　　　石黒弓美子

発行者　関戸雅男

印刷所　研究社印刷株式会社

発行所　株式会社　研究社
　　　　〒102-8152
　　　　東京都千代田区富士見 2-11-3
　　　　電話　（編集）03 (3288) 7711 (代)
　　　　　　　（営業）03 (3288) 7777 (代)
　　　　振替　00150-9-26710
　　　　http://www.kenkyusha.co.jp/

Copyright © Ryuko Shinzaki and Yumiko Ishiguro, 2011
ISBN 978-4-327-45241-4 C1082　Printed in Japan

装丁・CD デザイン：高橋佳久（ヒップスター・デザイン・スタジオ）
本文デザイン：株式会社インフォルム